Karl Heinrich Waggerl

Weihnachts- und andere Geschichten

Erinnerungen an die Kindheit

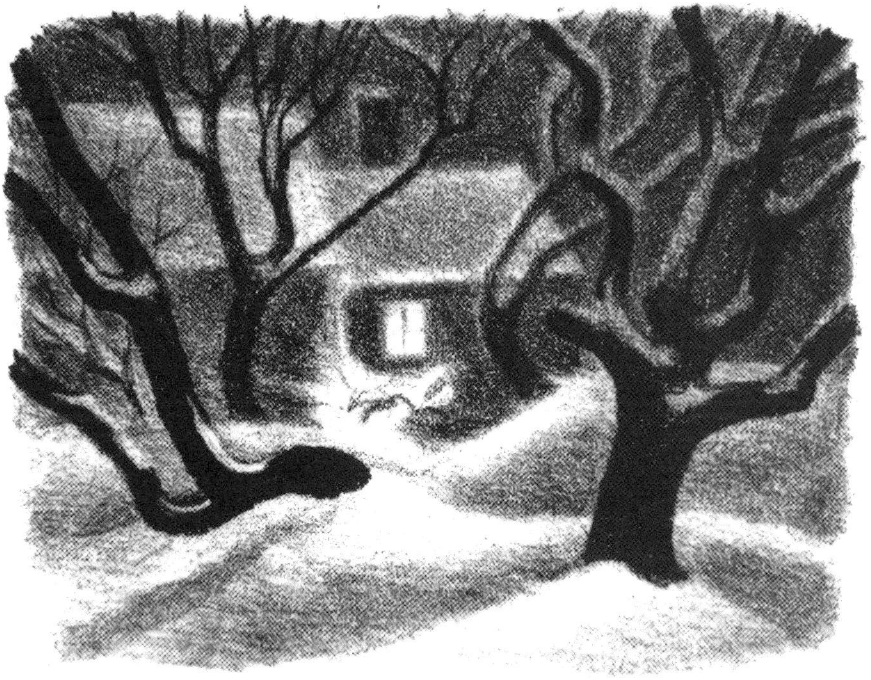

Karl Heinrich Waggerl

Weihnachts-
und andere
Geschichten
Erinnerungen
an die Kindheit

Alle Rechte vorbehalten
© Kral GmbH, Kral Verlag (Inh. Robert Ivancich)
J. F. Kennedyplatz 2, 2560 Berndorf, Tel.: +43 660 – 435 76 04
E-mail: office@kral-verlag.at, www.kral-verlag.at

Zusammenstellung der Texte von
Tina Gerstenmayer und Robert Ivancich
Lizenzausgabe mit freundlicher Genehmigung
des Otto Müller Verlags Salzburg
Die alte deutsche Rechtschreibung des Originals wurde beibehalten.
Biographien von Hannes Etzlstorfer

Bilder: Franz Traunfellner (1913–1986)
© Irmgard Linke-Traunfellner, Fotos aus Privatbesitz

Umschlag und Buchgestaltung: Tina Gerstenmayer,
D&K Publishing Service, Wien | www.dkwp.at
Schrift: Palatino Linotype, Vivaldi

Erschienen in Berndorf im Herbst 2018
ISBN 978-3-99024-804-1
Erste Auflage / Gedruckt in der EU

Inhaltsverzeichnis

Die stillste Zeit im Jahr	7
Weihnachtskapitel aus dem Jahr des Herrn	23
Das Weihnachtsbrot	39
Die alte Krippe	41
Und es begab sich ...	51
Die Pelzstiefelchen	65
Die Schöpfung	73
Der Roßheilige	89
Die Legende mit den Worten	103
Der Blumenheilige	107
Mein Tisch	109
Mein Engel	113
Mein Stock	119
Joseph Mohr	123
Die Traumschachtel	127
Der ländliche Lebenskreis	136
Aus der Heimat	139
Schöne Sachen	147
Biographie Karl Heinrich Waggerl	150
Biographie Franz Traunfellner	151
Verzeichnis der Bilder	152

Die stillste Zeit im Jahr

Advent, das ist die stillste Zeit im Jahr, wie es im Liede heißt, die Zeit der frohen Zuversicht und der gläubigen Hoffnung. Es mag ja nur eine Binsenweisheit sein, aber es ist eine von den ganz verläßlichen Binsenweisheiten, daß hinter jeder Wolke des Trübsals doch immer auch ein Stern der Verheißung glänzt. Daran trösten wir uns in diesen Wochen, wenn Nacht und Kälte unaufhaltsam zu wachsen scheinen. Wir wissen ja doch, und wir wissen es ganz sicher, daß die finsteren Mächte unterliegen werden, an dem Tag, mit dem die Sonne sich wendet, und in der Nacht, in der uns das Heil der Welt geboren wurde.

Für die Leute in den Städten hat der Advent kein großes Geheimnis mehr. Ihnen ist es nur unbequem und lästig, wenn die ersten Fröste kommen, wenn der Nebel in die Straßen fällt und das karge Licht des Tages noch mehr verkürzt ist. Aber der Mensch auf dem Lande, in entlegenen Tälern und einschichtigen Dörfern, der steht den gewaltigen Kräften der Natur noch unmittelbar gegenüber. Stürme toben durch die Wälder herab und ersticken ihm das Feuer auf dem Herd, er sieht die Sonne auf ihrem kurzen Weg von Berg zu Berg krank werden und hinsterben, grausig finster sind die Nächte, und der Schneedonner schreckt das Wild aus seinen Zufluchten. Noch in meiner Kindheit gab es kein Licht in der Stube außer von einer armseligen Talgkerze. Der Wind rüttelte am Fensterladen und schnaufte durch die Ritzen, das hörte sich an wie der Atem eines Ungeheuers, das draußen herumging mit tappenden Hufen und schnupperte, an der Wand, an den Dachschindeln, überall. Wie gut, wenn ein Licht dabei brannte, gottlob für einen winzigen Funken Licht in der schrecklichen Finsternis!

Immer am zweiten Sonntag im Advent stieg der Vater auf den Dachboden und brachte die große Schachtel mit dem Krippenzeug herunter. Ein paar lange Abende wurde dann fleißig geleimt und gemalt, etliche Schäfchen waren ja lahm geworden, und der Esel mußte einen neuen Schwanz bekommen, weil er ihn in jedem Sommer abwarf wie ein Hirsch sein Geweih. Aber endlich stand der Berg wieder wie neu auf der Fensterbank, mit glänzendem Flitter angeschneit, die mächtige Burg mit der Fahne auf den Zinnen und darunter der Stall. Das war eine recht gemütliche Behausung, eine Stube eigentlich, sogar der Herrgottswinkel fehlte nicht und ein winziges ewiges Licht unter dem Kreuz. Unsere Liebe Frau kniete im seidenen Mantel vor der Krippe, und auf der Strohschütte lag das rosige Himmelskind, leider auch nicht mehr ganz heil, seit ich versucht hatte, ihm mit der Brennschere neue Locken zu drehen. Hinten aber standen Ochs und Esel und bestaunten das Wunder. Der Ochs bekam sogar ein Büschel Heu ins Maul gesteckt. Aber er fraß es ja nie. Und so ist es mit allen Ochsen, sie schauen nur und schauen und begreifen rein gar nichts.

Weil der Vater selber Zimmermann war, hielt er viel darauf, daß auch sein Patron, der heilige Joseph, nicht nur so herumlehnte, er dachte sich in jedem Jahr ein anderes Geschäft für ihn aus. Joseph mußte Holz hacken oder die Suppe kochen oder mit der Laterne die Hirten hereinweisen, die von überallher gelaufen kamen und Käse mitbrachten oder Brot, und was sonst arme Leute zu schenken haben.

Es hauste freilich ein recht ungleiches Volk in unserer Krippe, ein Jäger, der zwei Wilddiebe am Strick hinter sich herzog, aber auch etliche Zinnsoldaten und der Fürst Bismarck und überhaupt alle Bresthaften aus der Spielzeugkiste. Ganz zuletzt kam der Augenblick, auf den ich schon tagelang lauerte. Der Vater klemmte plötzlich meine Schwester zwischen die Knie, und ich durfte ihr das längste Haar aus dem Zopf ziehen, ein ganzes Büschel mitunter, damit man genügend Auswahl hatte, wenn dann ein golden gefiederter Engel darangeknüpft und über der Krippe aufgehängt wurde, damit er sich unmerklich drehte und wachsam umherblickte.

Das Gloria sangen wir selber dazu. Es klang vielleicht ein bißchen zu grob in unserer breiten Mundart, aber Gott schaut seinen Kindern ja ins Herz und nicht in den Kopf oder aufs Maul. Und es ist auch gar nicht so, daß er etwa nur Latein verstünde.

Mitunter stimmten wir auch noch das Lieblingslied der Mutter an, das vom Tannenbaum. Sie beklagte es ja oft, daß wir so gar keine musikalische Familie waren. Nur sie selber konnte gut singen, hinreißend schön für meine Begriffe, sie war ja auch in ihrer Jugend Kellnerin gewesen.

Wir freilich kamen nie über eine Strophe hinaus.

Schon bei den ersten Tönen fing die Schwester aus übergroßer Ergriffenheit zu schluchzen an. Der Vater hielt ein paar Takte länger aus, bis er endlich merkte, daß seine Weise in ein ganz anderes Lied gehörte, in das von dem Kanonier auf der Wacht. Ich selber aber konnte in meinem verbohrten Grübeln, wieso denn ein Tannenbaum zur Winterzeit grüne Blätter hat, die zweite Stimme nicht halten. Daraufhin brachte die Mutter auch mich mit einem Kopfstück zum Schweigen und sang das Lied als Solo zu Ende, wie sie es gleich hätte tun sollen. Advent, sagt man, sei die stillste Zeit im Jahr. Aber in meinem Bubenalter war es keineswegs die stillste Zeit. In diesen Wochen lief die Mutter mit hochroten Wangen herum, wie mit Sprengpulver geladen, und die Luft in der Küche war sozusagen geschwängert mit Ohrfeigen. Dabei roch die Mutter so unbeschreiblich gut, überhaupt ist ja der Advent die Zeit der köstlichen Gerüche. Es duftet nach Wachslichtern, nach angesengtem Reisig, nach Weihrauch und Bratäpfeln. Ich sage ja nichts gegen Lavendel und Rosenwasser, aber Vanille riecht doch eigentlich viel besser, oder Zimt und Mandeln. Mich ereilten dann die qualvollen Stunden des Teigrührens.

Vier Vaterunser das Fett, drei die Eier, ein ganzer Rosenkranz für Zucker und Mehl. Die Mutter hatte die Gewohnheit, alles Zeitliche in ihrer Kochkunst nach Vaterunsern zu bemessen, aber die mußten laut und sorgfältig gebetet werden, damit ich keine Gelegenheit fände, den Finger in den köstlichen Teig zu tauchen. Wenn ich nur erst den Bubenstrümpfen entwachsen wäre, schwor ich mir damals, dann wollte ich eine ganze Schüssel voll Kuchenteig aufessen, und die Köchin sollte beim geheizten Ofen stehen und mir dabei zuschauen müssen! Aber leider, das ist einer von den Knabenträumen geblieben, die sich nie erfüllt haben.

Am Abend nach dem Essen wurde der Schmuck für den Christbaum erzeugt. Auch das war ein unheilschwangeres Geschäft. Damals konnte man noch ein Buch echten Blattgoldes für ein paar Kreuzer beim Krämer kaufen. Aber nun galt es, Nüsse in Leimwasser zu tauchen und ein hauchdünnes Goldhäutchen herumzublasen. Das Schwierige bei der Sache war, daß man sonst nirgendwo Luft von sich geben durfte. Wir saßen alle in der Runde und liefen blaurot an vor Atemnot, und dann geschah es eben doch, daß plötzlich jemand niesen mußte. Im gleichen Augenblick segelte eine Wolke von glänzenden Schmetterlingen durch die Stube. Einerlei, wer den Zauber verschuldet hatte, das Kopfstück bekam jedenfalls wieder ich, obwohl das nur bewirkte, daß sich der goldene Unsegen von neuem in die Lüfte hob. Ich wurde dann in die Schlafkammer verbannt und mußte Silberpapier um Lebkuchen wickeln, – um gezählte Lebkuchen. Heutzutage weiß man nicht mehr viel von alten Weihnachtsbräuchen, wie etwa das Anglöckeln einer war. Ich wüßte nicht zu sagen, was für ein tieferer Sinn in dieser Sitte liegen könnte, vielleicht steckt wirklich noch ein Rest von Magie aus der Heidenzeit dahinter, wie manche Gelehrten meinen. Meine Mutter jedenfalls hielt dafür, daß es ein frommer Brauch sei, und deshalb durfte auch ich mit meiner Schwester und dem Nachbarbuben auf die Reise gehen. Was dazu an Verkleidung nötig war, besorgte der Vater mit einer unerschöpflichen Phantasie. Unter seinen Händen verwandelten wir uns in seltsame Zwitterwesen, halb Engel, halb Gespenst. Aber uns machte es weiter kein Kopfzerbrechen, wen wir eigentlich darstellen sollten, die Heiligen Drei Könige oder bloß etliche von den vierzig Räubern. Das Wichtigste an der ganzen Ausrüstung war jedenfalls ein geräumiger Sack. Mit dem zogen wir abends von Tür zu Tür und sangen, was uns gerade einfiel, Heiliges und Unheiliges durcheinander. Manchmal kam gleich ein ungehobelter Hund dazwischen, der uns an die Beine fuhr, statt andächtig zuzuhören, aber gewöhnlich konnten wir mit dem Erfolg zufrieden sein, aus Gründen freilich, die ich damals nicht richtig einschätzte. Denn die Leute stürzten sofort an die Türen, wenn wir unseren Gesang anstimmten, und stopften uns eilig Kletzenbrot und Äpfel in den Sack, nur damit wir gleich wieder aufhörten und weiterzögen. Das taten wir auch bereitwillig, sobald unsere Fracht genügend angewachsen war. Ich wollte, es wäre dabei geblieben, und meine Zuhörer belohnten mich auch heute noch dafür, daß ich schweige.

»Und als Maria und Joseph nach Bethlehem kamen«, berichtet die Schrift, »da erfüllte sich ihre Stunde, und sie gebar ihren ersten Sohn und wickelte ihn in Linnen und legte ihn in eine Krippe, denn es war für sie kein Platz in der Herberge.«

Mit diesen wenigen verhaltenen Worten erzählt der Evangelist die rührende Geschichte von der verachteten Armut, mit zwei Worten eigentlich. Denn er meint nicht nur, daß die Gasthäuser des Andrangs wegen überfüllt gewesen seien. Für sie, sagt er, war kein Platz in der Herberge.

Und so hat das Volk diese Begebenheit von jeher gern dargestellt, als ein Gleichnis dafür, daß Gott seine Werke nicht mit großem Gepränge tut, sondern in der Stille, und als eine Mahnung für uns alle: Der armselige Zimmermann tritt auf, Maria in ihrer Bedrängnis, und der tüchtige Wirt, der dem Ärgernis entrüstet die Türe weist und nicht ahnt, daß er das Heil seiner Seele aus dem Haus gejagt hat.

Früher einmal war es auch überall auf dem Lande Brauch, daß man sich beim Vogelhändler umsah, wenn die Tage kurz wurden. Man handelte sich einen Gast für den langen Winter bei ihm ein, je nach Gemütsart, der Schuster vielleicht einen dicken Gimpel, die Kellnerin den Stieglitz oder ein paar mausgeschwinde Zeisige. Heute hätte ich ja meine Zweifel, ob solch einem Vogel nicht doch die Freiheit in Busch und Baum lieber wäre als das behagliche Dasein in der Steige. Aber in der unbekümmerten Kindheit war ich selber fleißig hinter den Vögeln her. Nur hatte ich zu meinem Kummer gar kein Glück bei diesem Geschäft. Nicht einmal ein Hänfling geriet mir je in die Hände. Nur Spatzen fing ich zu Dutzenden.

Sie hockten vor meinem Schlaghäuschen wie die Landstreicher vor der Klostertüre und warteten, bis sie nacheinander an die Reihe kamen. Dem Behäbigsten unter ihnen malte ich mit meinen Wasserfarben einen brandroten Bauch, damit ihn die Mutter als Gimpel gelten ließe. Aber sosehr wir uns beide Mühe gaben, das Singen erlernte er doch nicht. Und schließlich, weil er feine Manieren annahm und morgens zu baden pflegte, färbte er auch noch ab. Es half nichts, ich mußte ihn doch wieder entlassen.

Man sagt ja, ein Spatzenpaar sei einmal bis in den Himmel hinaufgeflogen, um sich beim Schöpfer selber zu beklagen, weil sie seinerzeit gar nichts an Vorzügen mitbekommen hätten. Nun müßten sie sich bettelarm durchschlagen und kümmerlich von dem ernähren, was andere Tiere fallen ließen, während Fink und Star sich wenigstens im Winter bei den Leuten mästen durften. Und als sie nun gefragt wurden, welche Art Gefieder sie denn wünschten, sagte die Spätzin schnell: »aus Gold«, und was den Gesang betraf, so meinte der Spatz, klüger als sein Weib: »von jedem ein bißchen«. Da lächelte der Herr, er nahm die beiden auf seinen Finger, so daß sie gleich goldgelb anliefen. Und als sie voll Entzücken die Schnäbel aufrissen, gab er ihnen ein wenig vom Gesang aller Vögel in die Kehle. Spatz und Spätzin legten sich augenblicklich einen Künstlernamen zu und nannten sich »Kanari«. Sie hatten viele Kinder und sind eine angesehene Familie bis auf den heutigen Tag. Nur die Gelehrten wissen, daß sie eigentlich doch zur Sippe der Sperlinge gehören.

Für mich begann in der Kindheit der Advent damit, daß mich die Mutter eines Morgens weit früher als sonst aus dem Bett holte. Der Mesner läutete immer schon die Viertelglocke, wenn ich endlich halb im Traum zur Kirche stolperte. Nirgends ein Licht in der bitterkalten Finsternis, und oft mußte ich mich mit Händen und Füßen durch den tiefen Schnee wühlen, es war ja noch kein Mensch vor mir unterwegs gewesen. In der Sakristei kniete der Mesner vor dem Ofen und blies in die Glut, damit wenigstens das Weihwasser im Kessel auftaute. Aber mir blieb ja keine Zeit, die Finger zu wärmen, der Pfarrer wartete schon, daß ich in meine Albe schlöffe und ihm mit der Schelle voranginge. Bitterkalt war es auch in der Kirche. Die Kerzenflammen am Altar standen reglos wie gefroren, und nur wenn sich die Tür öffnete und Wind und Schnee hereinfuhren, zuckten die Lichter erschreckt zusammen. Die Kirchleute drückten das Tor eilig wieder zu, sie rumpelten schwerfällig in die Bänke, und dann klebten sie ihre Adventskerze vor sich auf das Pult und falteten die Hände um das wärmende Licht. Indessen schleppte ich das Meßbuch hin und her und läutete zur passenden Zeit, und wenn ich einmal länger zu knien hatte, schlief ich wohl auch wieder ein. Dann räusperte sich der Pfarrer vernehmlich, um mich aufzuwecken. Ihn allein focht kein Ungemach an. »Rorate coeli«, betete er laut und inbrünstig, »tauet, Himmel, den Gerechten«. Und dann war doch alles wieder herzbewegend schön und feierlich, der dämmerige Glanz im Kirchenschiff, der weiße Atemdampf vor den Mündern der Leute, wenn sie dem Pfarrer antworteten, und er selbst, unbeirrbar in der Würde des guten Hirten. Nachher standen wir zu dritt hinterm Ofen in der Sakristei.

Der Mesner schüttelte die eiserne Pfanne und hob den Deckel ab und speiste uns alle mit gebratenen Kastanien. Ich hüpfte von einem Fuß auf den andern, und auch der Pfarrer rollte die heißen Kugeln eine Weile im Mund hin und her. Es war vielleicht keine Sünde, wenn ich nebenbei flink vorausrechnete, wie lange es wohl noch dauerte, bis er mir zur Weihnacht meinen Lohn in die Hand drücken würde, einen ganzen Gulden. Anfang Dezember, in den unheimlichen Tagen, während Sankt Nikolaus mit dem Klaubauf unterwegs war, wurde ich in den Wald geschickt, um den Christbaum zu holen. Mit Axt und Säge zog ich aus, von der Mutter bis zum Hals in Wolle gewickelt und mit einem geweihten Pfennig versehen, damit mich ein heiliger Nothelfer finden konnte, wenn ich mich etwa verirrte. Ein Wunder von einem Baum stand mir vor Augen, mannshoch und sehr dicht beastet, denn er sollte nachher ja auch viel tragen können. Stundenlang kroch ich im Unterholz herum, aber ein Baum im Wald sieht sich ganz anders an als einer in der Stube. Wenn ich meine Beute endlich daheim in die Waschküche schleppte, hatte sich das schlanke, pfeilgerade Stämmchen doch wieder in ein krummes und kümmerliches Gewächs verwandelt, auch der Vater betrachtete es mit Sorge. Er mußte seine ganze Zimmermannskunst aufwenden, um das Ärgste zurechtzubiegen, ehe uns die Mutter dazwischenkam.

Einer unter den Weihnachtsbräuchen, und eigentlich der freundlichste von allen, ist mir selber nach und nach zu einem Alpdruck geworden, nämlich die Sitte des Schenkens. Nicht, daß ich etwa ein Ausbund an Geiz und Habsucht wäre, aber in jedem Jahr stelle ich eine umständliche Rechnung an, weil ich mir nicht erklären kann, wie es zugeht, daß jedermann so viel schenken muß und selber so wenig bekommt. Bei uns daheim war die Sache nicht weiter schwierig. Der Vater fand jedesmal ein Paar gestickte Hausschuhe unter dem Baum, völlig ahnungslos natürlich, er wußte es nur immer so einzurichten, daß die alten Pantoffel erst am Heiligen Abend ihre Sohlen verloren. Der Mutter hingegen wurde ihr blaues Schürzenzeug überreicht, in zahllosen Schachteln verschnürt, und dann hörten wir alle geduldig eine Weile ihr Gejammer an – wie leichtsinnig es sei, so viel Geld für sie auszugeben.

Kurz vor dem Fest, sinnigerweise am Tag des ungläubigen Thomas, mußte der Wunschzettel für das Christkind geschrieben werden, ohne Kleckse und Fehler, versteht sich, und mit Farben sauber ausgemalt. Zuoberst verzeichnete ich anstandshalber, was ja ohnehin von selber eintraf, die Pudelhaube oder jene Art von Wollstrümpfen, die so entsetzlich bissen, als ob sie mit Ameisen gefüllt wären. Darunter aber schrieb ich Jahr für Jahr mit hoffnungsloser Geduld den kühnsten meiner Träume, den Anker-Steinbaukasten, ein Wunderwerk nach allem, was ich davon gehört hatte. Ich glaube ja heute noch, daß sogar die Architekten der Jahrhundertwende ihre Eingebungen von dorther bezogen haben.

Aber ich selber bekam ihn ja nie, wahrscheinlich wegen der ungemein sorgfältigen Buchhaltung im Himmel, die alles genau verzeichnete, gestohlene Zuckerstücke und zerbrochene Fensterscheiben und ähnliche Missetaten, die sich durch ein paar Tage auffälliger Frömmigkeit vor Weihnachten auch nicht mehr abgelten ließen. Wenn mein Wunschzettel endlich fertig vor dem Fenster lag, mußte ich aus brüderlicher Liebe auch noch den für meine Schwester schreiben. Ungemein zungenfertig plapperte sie von einer Schlafpuppe, einem Kramladen – lauter albernes Zeug. Da und dort schrieb ich wohl ein heimliches »Muß nicht sein« dazu, aber vergeblich. Am Heiligen Abend konnte sie doch eine Menge von Früchten ihrer Unverschämtheit ernten.

Der Vater, als Haupt und Ernährer unserer Familie, brauchte natürlich keinen Wunschzettel zu liefern. Für ihn dachte sich die Mutter in jedem Jahr etwas Besonderes aus. Ich erinnere mich noch an ein Sitzkissen, das sie ihm einmal bescherte, ein Wunderwerk aus bemaltem Samt, mit einer Goldschnur eingefaßt. Er bestaunte es auch sehr und lobte es überschwenglich, aber eine Weile später schob er es doch heimlich wieder zur Seite. Offenbar wagte es nicht einmal er, auf einem röhrenden Hirschen zu sitzen, mitten im Hochgebirge.

Für uns Kinder war es hergebracht, daß wir nichts schenken durften, was wir nicht selber gemacht hatten. Meine Schwester konnte sich leicht helfen, sie war ja immerhin ein Frauenzimmer und verstand sich auf die Strickerei oder sonst eine von diesen hexenhaften Weiberkünsten, die mir zeitlebens unheimlich gewesen sind. Einmal nun dachte auch ich etwas Besonderes zu tun. Ich wollte den Nähsessel der Mutter mit Kufen versehen und einen Schaukelstuhl daraus machen, damit sie ein wenig

Kurzweil hätte, wenn sie am Fenster sitzen und meine Hosen flicken mußte. Heimlich sägte ich also und hobelte in der Holzhütte, und es geriet mir alles vortrefflich. Auch der Vater lobte die Arbeit und meinte, es sei eine großartige Sache, wenn es uns nur auch gelänge, die Mutter in diesen Stuhl hineinzulocken.

Aber aufgeräumt, wie sie am Heiligen Abend war, tat sie mir wirklich den Gefallen. Ich wiegte sie, sanft zuerst und allmählich ein bißchen schneller, und es gefiel ihr ausnehmend wohl. Niemand merkte jedenfalls, daß die Mutter immer stiller und blasser wurde, bis sie plötzlich ihre Schürze an den Mund preßte – es war durchaus kein Gelächter, was sie damit ersticken mußte. Lieber, sagte sie hinterher, weit lieber wollte sie auf einem wilden Kamel durch die Wüste Sahara reiten, als noch einmal in diesem Stuhl zu sitzen kommen! Und tatsächlich, noch auf dem Weg zur Mette hatte sie einen glasigen Blick, etwas seltsam Wiegendes in ihrem Schritt.

Vor dem Heiligen Abend kam noch eine letzte Prüfung, das Bad in der Küche. Das fing ganz harmlos an. Ich saß im Zuber wie ein gebrühtes Schweinchen und plätscherte verschämt mit dem Wasser, in der Hoffnung, daß ich nun doch schon groß genug sei, um der Schande des Gewaschenwerdens zu entgehen. Aber plötzlich fiel die Mutter wieder mit der Reisbürste über mich her. Es half nichts, kein Gezeter und Gespreize. Erst in der äußersten Not erbarmte sich der Vater und nahm ein bis zur Unkenntlichkeit entstelltes, ein durchscheinendes Geschöpf in seine Arme. Und da war sie nun wirklich, die stillste Zeit im Jahr, wirklich Stille und Friede, und köstliche Geborgenheit an seiner breiten Brust.

Der Weihnachtsabend wäre nicht denkbar gewesen ohne ein feierliches Lied, wenn es auch natürlich nicht immer so gut geraten konnte wie in der ersten Heiligen Nacht, als die Engel vom Himmel herunter das Gloria sangen. Später, wenn die Kerzen am Baum längst erloschen waren, um Mitternacht, durfte ich die Mutter zur Mette begleiten. Ich weiß noch gut, wie stolz ich war, als sie mich zum ersten Mal nicht mehr an der Hand führte, sondern neben sich hergehen ließ als ihren Sohn und Beschützer. Und sogar in der Kirche kniete ich nun auf der Männerseite.

Um Mitternacht schlugen die Glocken freudevoll zusammen und die Kirche erstrahlte in hundertfältigem Glanz. Gloria, sang der Pfarrer mit aller Gewalt. Gloria in excelsis Deo. Die Leute fielen ins Knie, und es waren wieder Hirten und Bauern, wie damals in der gesegneten Stunde. Nachher sangen die Frauen auf dem Chor und der Pfarrer hielt auch inne, um das Lied anzuhören, diese holde Weise von der stillen, heiligen Nacht.

Der sie erfand, war kein großer Meister, sondern auch nur ein geringer Mensch. Dieses eine Mal löste ihm der Engel die Zunge, nachher schwieg er wieder. Aber es ist eine tröstliche Botschaft gewesen, über Grenzen und Zeiten hinaus bewegte sie die Herzen der Menschen. Und damit ist viel getan, denn alles Heil kommt aus der Stille.

In meiner sonst recht kargen Jugend war die Weihnacht wirklich der Inbegriff einer freudenreichen Zeit. Aber ist sie das auch heute noch, – freudenreich? Ich jedenfalls laufe tagelang ruhelos durch die Gassen und starre in festliche Schaufenster, um für den und jenen irgend etwas aufzutreiben, was er noch nicht hat, weil er es gar nicht braucht. Dabei wäre das ganze Übel leicht zu beheben, indem man den unnützen Kram, den man selber erhält, wieder weiterschenkt. Aber wer kann sich das Jahr über merken, was er von wem bekommen hat! Leider haben ja die Schenker ein weitaus besseres Gedächtnis als die Beschenkten.

Daheim, in meiner frühesten Zeit, gab es dergleichen Sorgen noch nicht. An einen Christbaum war nie zu denken, schon viel, wenn eine lange Weihnachtskerze die Nacht über brannte. Am Weihnachtsabend mußte bis zur Mettenzeit gefastet werden, aber die Mutter hatte Mühe, ihren Kindern diese frommen Opfer deutlich zu machen, Fasttage waren ja nichts Ungewöhnliches bei uns. Rote Glut leuchtete aus dem offenen Feuerloch und warf Schein und Schatten an die Wände, während wir vor der Bank knieten und den Rosenkranz nachbeteten. Nur der Vater durfte ab und zu aufstehen, um die Bratäpfel im Ofenrohr zu wenden, eine schwierige Arbeit, die ihn jedesmal so lang beschäftigte, bis die Mutter einen mahnenden Blick hinter sich warf. Köstlich zog der Geruch der Äpfel über uns weg durch die Stube, so daß ich mich manchmal an meinem wäßrigen »Erlöse uns von dem Übel« verschluckte. Ich hatte ja noch einen anderen Duft in der Nase, den von einer Suppenschüssel mit heißen Würsten darin, die auf uns wartete, wenn wir steifgefroren aus der Mette nach Hause kamen. Das hielt ich damals für das eigentliche Weihnachtswunder: daß es an diesem einzigen Tag im Jahr sogar noch um Mitternacht etwas Köstliches zu essen gab.

Nun, das ist anders geworden, Gier nach Wurstsuppe plagt mich schon lang nicht mehr. Aber dafür meldet sich ein anderer Hunger. Wie ich es sagte, ich laufe wieder von einem Laden zum andern, um etwas zu finden, womit ich dem Freund oder der Freundin das Herz erwärmen könnte. Nicht, daß ich die Kosten scheute, viel mehr fürchte ich mich vor einem flüchtigen Lächeln des Dankes, einem verlegenen Lächeln wahrscheinlich. Warum nur ist es so schwer geworden, Freude zu schenken und dabei selber froh zu sein? Vielleicht müßten wir alle ein wenig ärmer werden, um wieder reicher zu sein.

Einmal geschah das Wunder, daß mich mein Taufpate zur Weihnachtsjause befahl. Dieser Pate war in meinen Augen mindestens so reich und mächtig wie der liebe Gott und offenbar auch allwissend, wie sonst hätte er sich nach so langer Zeit noch meiner erinnern können. Die Mutter putzte mich also heraus wie einen Christengel, ein breites Zopfband meiner Schwester wurde mir um den Hals geknüpft und eine Locke mit der Brennschere in meinen Strohkopf gekräuselt. Mir lag ja die Sorge näher, ob ich etwa meinen Schlitten mitnehmen sollte, für den Fall, daß sämtliche Taschen nicht ausreichen würden, die Fülle von Geschenken nach Hause zu bringen. Aber die Mutter hielt dafür, ich müsse anstandshalber meinerseits ein Geschenk mitbringen, ein Glas mit Eingekochtem für die gnädige Frau Patin. Mir war das einerlei, Preiselbeeren mochte ich ohnehin nicht.

Ich stolperte also durch das Marmorportal der Villa und geriet sogleich an ein weißgestärktes und spitzenverziertes Frauenzimmer. Das faßte vorsichtig mit zwei Fingern nach mir und brachte mich ins Bad, obwohl ich ohnehin weit herum nach Schmierseife roch. Nichts, dachte ich bei mir, nichts muß wohl so schmutzig machen wie der Reichtum, weil sich die Reichen in einem fort waschen müssen.

Nachher fand ich die Familie im Salon versammelt. Der Christbaum füllte das halbe Zimmer aus, er funkelte mich vergnügt aus unzähligen Glaskugelaugen an. Ich selber hockte neben der Hausfrau, und mir gegenüber saß ein dürres Mädchen, das unverwandt auf meine Zopfmasche starrte.

Ich klemmte vorläufig das Eingemachte zwischen die Knie und überlegte im stillen, ob ich wohl gelegentlich die Schienbeine von dem Fräulein Tochter unterm Tisch erreichen könnte, aber da wurde mir schon eine braune Brühe in meine Tasse geschenkt. Bei uns daheim galt die Regel, den Löffel in der Schale mit dem Daumen festzuhalten, nur waren unsere Löffel aus Blech und dieser war aus schwerem Silber. Er kippte unversehens heraus und verschwand mit Geklirr. Natürlich tauchte ich sofort hinterher in die Tiefe, und ich hätte auch alles wieder in Ordnung gebracht, wäre mir nur dabei nicht obendrein das Glas mit dem Eingekochten entwischt. Es rollte über den Boden und setzte da und dort kleine Häufchen von Preiselbeeren auf den Teppich. »Das kommt davon!« sagte die Gnädige empört zu meinem Paten, und dann verließ sie uns mit rauschender Robe. Mir sagte man gar nicht mehr, was denn davon kam. Die Weißgestärkte nahm mich wieder zwischen die Finger und setzte mich vor der Haustüre ab wie ein ungezogenes Hündchen.

Als ich bestürzt davonschlich, lehnte im Hinterhaus die dicke Köchin am Fenster. »Komm zu mir, wenn es dunkel ist«, sagte sie leise, »aber geh durch den Garten, damit dich niemand sieht!«

Ich schluckte geistesgegenwärtig die Tränen hinunter und fragte, ob ich etwa meinen Schlitten mitbringen sollte. »Deinen Schlitten?« sagte die Köchin, »ja, bring ihn nur, das kann nicht schaden ...«

Kindheit und Jugend, das alles liegt weit zurück. Aber die Christnacht ist noch immer voll von Geheimnissen, sie blieb die Nacht der Offenbarung. Lang vor der Mettenzeit tritt man gern einmal vor die Tür und steht allein unter dem Himmel, nur um zu spüren, wie still es ist, wie alles gleichsam den Atem anhält und auf das Wunder wartet. Auf den Höhen sieht man schwebende Lichter, als hätten sich Sterne vom Firmament gelöst und wanderten nun ins Tal. Das sind die Laternen der Leute, die von den Bergen herab zur Kirche gehen. Einmal fand ich auf dem Weg zur Mette eine erfrorene Kuckucksblume am verschneiten Bach. Unzählige braune Samenkörner rieselten mir in die Hand, und während ich sie wieder verstreute, dachte ich bei mir, wie tröstlich es doch ist, daß sich Gottvater nicht auch von den Errungenschaften der Technik erschrecken läßt, sondern daß er nach wie vor seine altmodischen Kuckucksblumensamen erzeugt.

Denn wie ist es in Wahrheit, liebe Freunde? Leben wir nicht in einer Weltzeit des Advent? Scheint uns nicht alles von der aufkommenden Finsternis bedroht zu werden, das karge Glück unseres Daseins? Wir warten bang auf den Engel mit der Botschaft des Friedens und vergessen so leicht, daß diese Botschaft nur denen gilt, die guten Willens sind. Es ist kein Trost und keine Hilfe bei der Weisheit der Weisen und der Macht der Mächtigen. Denn der Herr kam nicht zur Welt, damit die Menschen klüger, sondern damit sie gütiger würden. Und darum sind es allein die Kräfte des Herzens, die uns vielleicht noch einmal werden retten können.

Weihnachtskapitel aus dem Jahr des Herrn

Lang vor Tag läuten die Glocken zur Messe. Es ist bitterkalt in der Kirche, der Atem dampft weiß vor dem Mund des Pfarrers, wenn er das Rorate coeli betet und inbrünstig fleht: Tauet, Himmel, den Gerechten! Wenn die Tür sich öffnet, stäubt Schnee herein, der Wind torkelt durch die Kirche und wirft sich ungestüm an den Altar, so daß die Lichter erschreckt zusammenzucken. Die Kirchleute drücken die Tür wieder zu und schütteln sich und klopfen an der Torsäule die Schollen von ihrem Schuhwerk. Schwerfällig und steif vom Frost poltern sie in die Bänke, dann kleben sie die Adventkerze vor sich auf das Pult, sie hauchen in die Hände und falten sie um das Licht und wärmen die Finger daran. Aus den Bärten der Männer tropft das tauende Eis, und die Weiber haben weißgefrorene Nasen – mein Gott, was für eine Kälte in diesem Jahr!

Auch in die Fenster stellt man zur Kirchzeit brennende Kerzen, damit Maria den Weg findet und einen Trost hat, wenn sie im Dunkeln vorübergeht. Man legt neugewebtes Linnen oder ein paar Wollsträhnen vor die Krippe im Seitenschiff der Kirche. Von Zeit zu Zeit sammelt der Pfarrer diese Gaben und verteilt sie unter die Armen, aber eigentlich ist das alles der Lieben Frau geschenkt, Linnen und Wolle, weil sie so arm ist und nichts hat, um ihr Kindchen darauf zu betten.

Im Stall kniet sie, ihr Gesicht ist aus weißem Wachs geformt, schön rund und rot blühen ihre Wangen. Zwei blaue Glasperlen sind die Augen, die schauen so rührend unschuldig ins Leere. Verwirrt ist die jungfräuliche Mutter, ein wenig erstaunt und schämig nach allem, was an ihr geschehen ist. Und vor ihr auf einer Schütte Stroh liegt das rosige Himmelskind, da zappelt es und breitet seine Ärmchen aus, und Ochs und Esel stecken die Köpfe herein und beglotzen das Wunder. Der Ochs hat sogar noch ein Büschel Heu im Maul, aber er kaut nicht mehr, er starrt nur und starrt, und so tun seither die Ochsen alle. Sie schauen stundenlang vor sich hin und denken nach und begreifen es nie.

Joseph hingegen steht am Hackstock und versucht die neue Axt, die er vom Schmied geschenkt bekommen hat. Gleich wird er Feuer anmachen und einen Topf für die Suppe zusetzen. Draußen kommen ja schon die Hirten gelaufen, Käse bringen sie und Brot, und einer schiebt ein Lämmchen vor sich her. Ja, alle sind unterwegs, sie rennen und werfen die Arme empor, Sennhüter mit zottigen Bärten, Weiber und Buben, und nur der gläserne Hund sitzt hoch oben im Gebirge und bewacht das Schweizerhäuschen zwischen seinen Pfoten. Über allem aber schwebt ein Engel, golden gefiedert, der Bote des Friedens.

Das hat der Pater Johannes schön gemacht, auch der Pfarrer findet ein herzliches Gefallen daran. Seht nur den Hund auf dem Berg, den blauen Glashund, ist er nicht wunderbar? Und daß der erste Hirt eine wirkliche Laterne trägt mit einem winzigen Kerzchen darin, das man vielleicht sogar anzünden kann, betrachtet das alles, sagt er in der Predigt.

Betrachtet auch den Vater Joseph. Er hatte ja seine Werkstatt in Nazareth, Haus und Garten und ein paar Geißen dabei, und nun dachte er, daß er wohl auch eine Frau haben könnte, etliche Kinder um die Beine, wenn er auf dem Zimmerplatz stand. Das wäre nicht schlecht, meinte er. Seht, und da war Maria vom Nachbarn, die gefiel ihm schon lange, er überlegte das hin und her in seinem Kopf. Du könntest einmal ein Wort fallen lassen, dachte er, sie wäre die Rechte für das Haus und die Geißen und alles. Ja, das machte er dann so, und es war gut, bis der Engel mit der Botschaft kam, meine Lieben. Das lag dem Mann schwer auf der Seele, glaubt mir, als seine Braut schwanger ging, das war hart für ihn, die Zweifel und das Gerede in Nazareth. Und dennoch verstieß er sie nicht und vertraute ihr. Wenn ihr aber das bedenkt, so ist es mehr als der Lobgesang der Hirten und das Gold der Könige, denn Joseph erkannte den ungeborenen Gott, bloß durch die Kraft seines Vertrauens und seiner Liebe. Und es möchte wohl zuweilen geschehen, daß der Herr in einem von euch ein Werk tut, und ihr haltet ihn für sündig dem Ansehen nach. Aber das sollt ihr nicht tun, ihr müßt auf den Engel hören, sagt der Pfarrer. Wer seinen Bruder verurteilt, der kann immer irren, aber wer ihm verzeiht, der irrt nie.

Dafür gibt es Beispiele in der Geschichte der Heiligen, wie etwa den frommen Bischof Nikolaus, dessen Fest um diese Zeit gefeiert wird. Nikolaus war ein rechter Vater der Armen, ein Wohltäter im Stillen, und weil er dachte, es sei besser, wenn die Leute dem Herrn dankten, von dem aller Segen kommt, statt ihm, der doch nur sein Knecht und Sachwalter war, darum schlich er des Nachts in die Häuser, ein wunderlicher Einbrecher, der nicht raubte, sondern schenkte.

Einmal wollte der Bischof Nikolaus einem armen Eseltreiber Mehl in die Truhe schütten, da saß der Teufel auf dem Deckel.

Hebe dich hinweg! sagte der Bischof.

Mitnichten, sagte der Teufel, ich sitze hier gut.

Der Eseltreiber war nämlich in seiner Verzweiflung ausgegangen, um einen Sack Mehl zu stehlen, und deshalb hockte der Teufel auf der Truhe, um ihm gleich den Hals umzudrehen, wenn er nach Hause kam. Ach Gott, wie war dem Bischof um die arme Seele bang! Er beschrie und beschwor den Bösen und schlug das Kreuz über ihm, allein der wollte nicht weichen. Der

Teufel wand sich nur und schwitzte und stank so fürchterlich, daß dem Gottesmann die Augen übergingen.

Indessen kam der Eseltreiber heim, er hörte den Lärm im Hause und erschrak, weil er meinte, es sei schon die Wache hinter ihm her. Eilig lief er und brachte den gestohlenen Sack wieder an seinen Ort. Auf diese Weise half der Teufel dazu, einen Sünder zu bekehren, und das gefiel dem heiligen Nikolaus so wohl, daß er ihn fortan als Grausknecht in seinen Dienst nahm.

Alle Kinder kennen ihn, es ist ein haariger Teufel namens Klaubauf. Im Umgang mit dem Heiligen ist er zahmer geworden, als es sonst der Höllische in seiner Art hat. Er bleckt zwar die Zunge und rasselt mit Ketten, aber wenn man genauer hinsieht, so entdeckt man mitunter Hosenröhren und Schnürstiefel unter seinem Pelz. Im Grunde fürchtet ihn natürlich niemand, obwohl es von Vorteil ist, eine Bettstatt hinter sich zu haben, unter der man verschwinden kann, wenn er mit seiner Birkenrute zu nahe kommt. Er ist nichts weiter als ein Mädchenschreck, ein Angsttraum für die ganz Kleinen. Burschen wie David sind seiner Rute schon entwachsen. Mehr noch, David beschließt sogar, diesmal den Teufel mit Beelzebub auszutreiben und sich selbst als Klaubauf zu versuchen. Zu diesem Zweck entleiht er sich eine Hirschdecke beim Totengräber, der gelegentlich mit Fellen handelt, er gürtet etliche Kuhketten um die Hüften und leimt sich schwarze Wolle ins Gesicht. Die Hörner kann er sich ersparen, wenn er seine Wollhaube aufsetzt und ein paar Krähenfedern hineinsteckt, und was die Zunge betrifft, so braucht er nur seine eigene herauszustrecken, die ist lang genug.

Fehlt noch etwas? Versuchsweise, um die Wirkung zu erproben, rasselt er einmal durch den Gang und über die Treppe hinunter. Schwester Angela kommt aus der Stube, sie kreischt laut auf und fällt rücklings wieder in die Tür zurück.

Dann steht David also draußen in der Dämmerung, ein einsamer Teufel auf dem verschneiten Kirchplatz. Kein Mensch ist unterwegs, das trifft sich gut, aber gewissermaßen ist es auch unheimlich, so still und so dunkel.

Nur die Bäume bewegen sich im lautlosen Wind und schütteln den Schnee aus dem Gezweig. Um die Wahrheit zu sagen, es ist David nicht ganz wohl in seiner Haut, ein wenig graut ihm vor sich selber, vor dem scheußlichen Gespenst, das er ist. Er hat eigentlich vorgehabt, in das Pfarrhaus zu gehen, nicht um den alten Pfarrer zu versuchen, sondern um vor einer bestimmten Tür so lange zu rasseln und zu grunzen, bis da jemand auf den Knien lag und mit aufgehobenen Händen um Erbarmen flehte. Bist du Agnes, wollte er sagen, die einen gewissen David auf den Tod gekränkt und beleidigt hat?

Ja, aber sie wollte es nie mehr tun.

Oh, das käme nun zu spät, die Tränen und das reumütige Gewinsel, sie hätte sich früher besinnen sollen. Ohne Gnade müßte sie zur Hölle fahren. Ja, und da würde sie an den Zöpfen aufgehängt, unter ihr stünde eine Pfanne mit siedend heißem Krapfenschmalz, und jeden Tag risse ein Haar, nur ein einziges. So dick die Zöpfe auch sind, einmal hinge sie doch am letzten Härchen und fiele und müßte elend verbrennen, wenn nicht David sich im Himmel ihrer erbarmte und ein rotes Band hinunterhängen ließe, an dem sie sich halten könnte. Aber es wäre wohl nicht so sicher, ob er ihr wirklich zu Hilfe käme, nach allem, was sie ihm angetan hat. Ach, würde Agnes jammern, gibt es denn gar keine Rettung mehr?

Nein, keine.

Und wenn ich ihn kniefällig um Verzeihung bitte? Wenn ich auch den Ring annehme, den er mir kaufen will, und ihm ewig treu sein werde, immer und ewig? Ja, dann! Dann würde David wohl doch ein letztes Mal gnädig sein, wenn Agnes so gute Vorsätze hätte! Wäre er nur schon so weit! Es friert ihn erbärmlich an den Zehen, unschlüssig schaut er in den Pfarrgarten hinüber.

Dort ist es noch viel finsterer und unheimlicher als unter den Bäumen auf dem Kirchplatz. Außerdem hört David schon die ganze Zeit in der Nähe etwas knurren und schnauben, und wenn das vielleicht der Försterhund ist, so wird es gut sein, sich nach dem Rückweg umzusehen, nach dem kürzesten Weg hinter eine Haustür.

Ja, aber leider hat der Försterhund die Wildhaut schon gewittert, plötzlich kommt er durch den Schnee herangestäubt, und im nächsten Augenblick hockt der hirschlederne Teufel auf dem Birnbaum.

Waldmann läuft im Kreis um den Baum und verbellt das Wild, wie es sich für einen guten Hund gehört. Wahrscheinlich kommt es ihm ein bißchen wunderlich vor, daß die Hirsche neuerdings auf Bäume klettern. Aber einerlei, er tut seine Pflicht und gibt gar nichts auf schöne Reden, auf alle Würste und Zuckerstücke, die ihm David verspricht.

Darüber vergeht eine gute Zeit. Dann und wann unternimmt der Hund etwas gegen die Langeweile, er springt und schnappt nach Davids Zehen, und David zieht die Beine noch ein wenig höher in das Astwerk hinauf. Die Finger frieren ihm ab, vielleicht muß er die ganze Nacht hier oben sitzen, und am Morgen ist er zu Eis erstarrt, ein erfrorener Klaubauf im Birnbaum.

In seiner Herzensangst fängt David laut zu beten an. Alle vierzehn Nothelfer ruft er herab, die vierzig Märtyrer im besonderen, einige von ihnen waren ja selbst mit wilden Tieren ins Gedränge geraten. Den Försterhund rührt freilich auch das nicht, aber schließlich kommt der Retter doch, und zwar in Gestalt des heiligen Nikolaus, der an seinem Tag durch das Dorf wandert, weißbärtig und würdevoll mit Stab und goldener Mütze. Erstaunt hebt er seine Laterne und betrachtet dieses zottige Gespenst auf dem Baum, dann hakt er seinen Krummstab in das Halsband des Hundes, um ihn zum Schweigen zu bringen.

Wer bist du? ruft er hinauf.

Aber David bleibt die Antwort schuldig. Blitzschnell wischt er herunter und verschwindet mit rasselnden Ketten in der Dunkelheit.

Der heilige Nikolaus und sein Klaubauf stehen da und schütteln die Köpfe und wundern sich sehr. War das etwa doch ein richtiger Teufel, der Leibhaftige, wie man sagt? Stinkt es nicht ein wenig nach Schwefel hinter ihm her?

Eines Abends kurz vor dem Fest schiebt David eine Axt unter den Rock und watet durch tiefen Schnee in das Jungholz hinauf, um Christbäume zu holen. Einen, den größten, für das Pfarrhaus, den anderen für die Krämerin und die Mutter, und zuletzt noch einen kleinen Wipfel für ihn selbst. Er will heuer auch einen Baum aufputzen, weil er doch gewissermaßen seinen eigenen Hausstand gegründet hat.

Lange sucht er und klettert umher, es müssen schöne Bäume sein, versteht sich, pfeilgerade und regelmäßig im Geäst, solche gibt es nicht viele. Und dabei müssen sie doch dicht genug sein, damit sie etwas tragen können, die Unmenge Kerzen und Nüsse und Backwerk. Es ist richtiges Christwetter, klar und beißend kalt. Der Schnee blüht in langen Nadeln aus und klirrt unter dem Schuh, und der Tropfen friert einem an der Nase fest. Eine Weile verschnauft David unter den Fichten und betrachtet das abendliche Dorf, wie es da unten liegt, so behaglich und wohlgeborgen in den weißen Betten. Er sucht das Krämerhaus und das Fenster der Mutter. Sie hat schon die Lampe angezündet, sicher sitzt sie noch mit ihrem Strickzeug auf dem Sofa, in Decken eingedreht, und immerfort rollt ihr der Garnknäuel unter die Stühle. David hat lange nachgedacht, was er der Mutter unter den Baum legen könnte. Erst der Garnknäuel brachte ihn auf den Gedanken, daß eine Spanschachtel das beste wäre. Der Vater Thomas lehrte ihn die Kunst, einen dünnen Span von astfreiem Dachholz zu kleben. Über kochendem Wasser bog er ihn rund, dann leimte er Deckel und Boden hinein, und schließlich setzte er sich in das Eßzimmer im Pfarrhof und bemalte die Schachtel mit prächtigen Farben, während Pater Johannes im Beichtstuhl saß.

David hat seine ganze Kunst daran angewendet, an blutroten Rosen und Gemsen zwischen Vergißmeinnicht, und oben auf dem Deckel hat er die Mutter selbst gemalt, weiß und rosig und wunderbar lebensgetreu. Der Vater Thomas meinte zwar, das sei nicht üblich, der Vollmond passe nicht auf eine Spanschachtel. Aber er ist ja kurzsichtig, die feineren Züge erkennt er nicht mehr.

Agnes bekommt die roten Fäustlinge und die Krämerin einen Begonienstock. David hofft wenigstens, daß der Ableger anwachsen und gedeihen wird, um dessentwillen die Köchin Helene insgeheim schon alle Dorfweiber des Diebstahls zeiht. Er hat ihn sorgfältig in eine Fettbüchse gepflanzt und auf einen warmen Platz am Kamin gestellt. Vorerst sieht der Ableger zwar noch recht dürftig aus, aber Agathe wird ihn gewiß zum Blühen bringen, sie hat eine gute Hand für so kümmerliche Gewächse.

Und es kommt der Heilige Abend, der einzige Tag im Jahr, den man rein vergeudet und der erst mit dem Dunkelwerden beginnt. Auf der ganzen Welt gibt es sicher keinen Christenmenschen, der diese Stunde nicht feiert. Mag er auch selbst ganz arm und einsam sein, er wird doch an irgendeine selige Zeit seines Lebens zurückdenken, oder er kann an einem Fenster stehen und Kinder lachen hören, und wenn er sich nur in einen fremden Hausflur drückt, so kommt gewiß jemand vorbei, der ihm zunickt und gute Feiertage wünscht. Denn an diesem Abend sind alle Menschen freundlich und gut. Friede, sangen die Engel, Friede den Menschen auf Erden!

Auch die alten Leute im Armenhaus ziehen ihr bestes Gewand an, sie stecken ein Tannenreis hinter das Bett, und nach dem Aveläuten kniet jeder vor einem Stuhl und hat sein eigenes

Wachslicht brennen. Der Pfarrer kommt herüber und kniet auch hin und betet den freudenreichen Rosenkranz mit ihnen.

David steigt indessen in die Kammer hinauf und entzündet die Lichter an seinem Baum, Kerzenstummel von den Altären. Nüsse hängen im Geäst, Sterne und Kugeln aus Stanniol, vergoldete Lärchenzapfen und ein paar Zuckerstücke, es sieht sich festlich an. Zuletzt schleicht er auf den Zehenspitzen hinaus, schließt die Kastentüren und wartet eine Weile auf dem finsteren Dachboden. Kling, kling, sagt David, dann macht er die Türen wieder auf und steht überwältigt vor der gleißenden Pracht. Summend und voll Staunen geht er um den Baum herum und schlägt die Hände zusammen und betrachtet alles, was er sich selbst beschert hat, die Äpfel und die Uhr, und das hölzerne Roß auch, das Pferdchen! Singen kann er leider nicht gut, sonst würde er jetzt ein Lied anstimmen, vielleicht das vom armen Krippenkind, wie es in der kalten Nacht geboren wurde:

> Warum, o herzigs Kindlein,
> liegst du so arm und bloß
> und nur in schlechten Windlein
> in deiner Mutter Schoß?

David ist selbst um diese Zeit zur Welt gekommen, es steht in seinem Sparbuch. Aber daß es eine böse Nacht war, ohne einen Stern am Himmel und ohne Engelgesang, daß der Wind durch die Magdkammer pfiff, Schnee und eisiger Wind, davon steht nichts in dem Buch. Das hat ihm erst die Mutter erzählt.

Beinahe wären wir erfroren, sagte sie, wir beide. Und dann, am dritten Tag, kam das Fieber dazu. Aber weil es Sonntag war, tat der Knecht ein gutes Werk und zog uns auf dem Heuschlitten in das Tal und noch einen halben Tag weit bis in das Krankenhaus.

Die Mutter erzählt das wunderschön, wie sie also dieser Knecht aus der Kammer heruntertrug und ins Heu bettete und mit Stricken festband. Er war ein riesiger Mensch, schwer und viereckig wie ein Kasten. Und auf dem ganzen Weg sprach er kein Wort. Er schnaufte nur und legte sich in die Gurten mit seiner Bärenkraft, der Schnee lag knietief auf der Straße, und es schneite immer noch, er aber ging gleich einem Pflug hindurch.

Schritt für Schritt, Stunde um Stunde. Manchmal blieb er stehen und blies den Schnee aus dem Bart, dann ging er um den Schlitten herum und stäubte auch die Mutter ab, so zart er es konnte mit seinen schwieligen Händen. Wie ein Vater umsorgte er sie, wie Joseph seine Familie auf der Flucht. David schlief die ganze Zeit im Schoß der Mutter, er hatte es dort warm und gut, denn die Mutter glühte im Fieber. Und alles kam ihr so seltsam vor, sie erinnert sich noch gut, wie sonderbar alles war. Die hohen Wipfel im Wald zogen über ihr vorbei, sie sahen wie geflügelte Wesen aus, wie weißbeschwingte Engel am Himmel, und sie sangen auch. Es war ja nur der Wind, der oben durch die Bäume fuhr, aber ihr schien es doch, als schwebte der Schlitten und würde auf und ab getragen, und die Engel summten und sängen lieblich dazu. Und sie sah den Mann vor dem Schlitten hergehen, er hatte seinen runden Hut ins Genick geschoben, der Schnee sammelte sich in der Krempe, und das sah wunderlich aus, wie ein Heiligenschein um seinen Kopf. Dabei kannte ihn die Mutter kaum, er war ein ganz einfältiger Mensch. Nur so ein Knecht, vier Gulden Jahrlohn hatte er, David, solche Menschen gibt es. Das darf man nie vergessen, meinte die Mutter. Den ganzen Tag mühte er sich ab, der Doktor schalt ihn noch aus, weil er ihm Schnee ins Haus schleppte, als er uns vom Schlitten hob und in dem Spital durch die sauberen Gänge trug. Und am anderen Morgen stieg er dann wieder mit seinem Ziehschlitten in den Holzschlag hinauf.

Der Knecht schlug nicht etwa an die Brust und sagte, seht, was für ein guter Mensch ich bin, was für ein Wohltäter! Sondern er vergaß alles wieder. Und wenn Gott einmal seine Werke aus dem Buch liest und sagt: Selig sind die Barmherzigen, denn sie werden Barmherzigkeit erlangen, so wird der Knecht gar nicht verstehen, wofür ihn Gott lobt. Herr, wird er antworten, das hat leicht geschehen können, das war weiter nichts ...

David löscht die Kerzen an seinem Christbaum wieder aus, dann wickelt er die Spanschachtel und den Blumenstock in Papier und begibt sich in das Dorf zur Krämerin. Auch er hat sein gutes Gewand angezogen, in diesem Jahr feiert er den Heiligen Abend dreifach. Denn später wird er noch beim Pfarrer einkehren und die Handschuhe unter den Baum legen, ganz im Geheimen natürlich. Agnes braucht nicht zu erfahren, wer sich ihrer Blöße erbarmt hat. Und nur, wenn sie vor Freude außer sich wäre und es durchaus wissen wollte, könnte er vielleicht ein Wort fallen lassen – nun ja, sie seien nicht ganz schlecht. Er habe zwar schon bessere Fäustlinge gesehen, aber immerhin, für die Not taugten sie gerade. Aus allen Fenstern fällt warmer Kerzenschein auf den Dorfplatz. Im Vorübergehen sieht David die Leute in den Stuben vor dem Christbaum beisammenstehen. Das Jüngste hat der Vater auf dem Arm, es hopst und kräht und greift nach den Lichtern. Und die Mutter hat keinen Augenblick Ruhe, eines zerrt an ihrer Schürze, damit sie ihm endlich in die neuen Schuhe hilft, und indessen wird sie vom anderen beinahe erwürgt, weil sie die Puppe noch nicht genug bewundert hat. Anderswo kommt die Sache erst in Gang. Eine Tür öffnet sich eben, ein Rudel Kinder stolpert herein, und dahinter steht wiederum der Vater, es ist überall derselbe hemdärmelige Mann, der wohlwollend lacht und die Zigarre zwischen den krummen Fingern dreht, und es ist auch die gleiche Mutter, die irgendein Paketchen in den Händen hält und den Kopf dazu schüttelt. Denn es ist ja alles reine Verschwendung, was man ihr schenkt!

Auch in den früheren Jahren ging David um diese Stunde über den Dorfplatz, stand vor den erleuchteten Fenstern und drückte seine Nase an die Scheiben. Auf diese Weise konnte er an allem ein wenig teilnehmen, an der Bescherung im ganzen Dorf. Er selbst hatte ja nicht viel zu erwarten, ein paar Äpfel und Dörrbirnen vom Pfarrer, eine Handvoll Zuckerzeug oder etwas Nützliches, ein Paar Strümpfe vielleicht. Und oft verging er fast vor Aufregung und Ungeduld, wenn er mit ansehen mußte, was zum Beispiel dieser Peter mit seiner Mundharmonika anstellte. Rein gar nichts brachte er heraus, während er, David, sicher auf das erste Mal einen flotten Marsch aufgespielt hätte.

Aber heuer ist es anders, diesmal ist er nicht mit leeren Händen unterwegs, nicht Zaungast vor fremden Häusern. Ach Gott, wie freut sich die Mutter über ihre Schachtel, wie bestaunt die Krämerin den schönen Begonienstock! Wird er nun weiß oder rot blühen? Rot, sagt David prophetisch. Wenn nicht Gott ein Wunder wirkt, um des Friedens willen.

David geht stolz und schwitzend in der Stube auf und ab, er trägt Fäustlinge an den Händen und einen Wollschal um den Hals, und alles ist so überaus prachtvoll und festlich. Der Lichterbaum, die Kerzen und das Backwerk und das glitzernde Engelhaar über und über, und ganz oben der gläserne Stern, der sich in der warmen Luft langsam dreht. Nur diese Zuckerkiste sollte nicht dastehen, die verdirbt den ganzen Eindruck.

Aber ist es wirklich eine Zuckerkiste?

Den ganzen Tag lief der Briefträger im Dorf umher – Wallner, Wallner, brummte er, ich kenne keinen, der Cornelius Wallner heißt! Zuletzt kam ihm die Krämerin zu Hilfe. Ach, du lieber Gott, sagte sie, das wird doch nicht David sein? Und sie nahm die Kiste in ihren Laden. Mit einem Wort, der Kämmerer hat sie geschickt, der Pate, und sie enthält keineswegs Zuckerstücke, obwohl das ja auch nicht übel wäre. In blinder Hast stemmt David den Deckel auf. Es ist natürlich die verkehrte Seite, zuerst findet er nur Holzwolle, aber dann kommt es ans Licht. Ein Bohrer, seht her, ein Hammer! Während David noch den Hammer in der Hand hält, greift er schon nach etwas anderem. Einen Hobel, eine Zange holt er heraus, eine zerlegte Schweifsäge, ein Stemmeisen und Feilen, und alles, alles ist blitzblank und nagelneu. David sitzt da, er hält ein Büschel Holzwolle in jeder Hand und ist völlig verstört und wirr. Werkzeug, versteht ihr, was das heißt? Das Werkzeug ist die friedliche Waffe des Mannes. Mit dem Hammer, dem Winkelmaß eroberte er den Erdkreis, nicht mit dem Schwert. Inzwischen haben wir es ja weit gebracht, zugegeben, wir bohren nicht mehr mühsam Löcher in Steine, um einen Ast durchzustecken. Aber im Grunde ist doch der gewiegteste Maschinenbauer nur ein Lehrling dessen, der den Hammer erfand, jenes Halbgottes am Beginn der Zeit, jenes Riesen an Verstand. Und darum ist das Werkzeug heilig und ehrwürdig und unvergänglich. Der erste gab ihm die Form. Er formte die Axt, Schneide und Hefthaus und Stiel, und so blieb sie durch alle Geschlechter, es war nichts mehr daran zu ändern. Das Werkzeug diente dem Menschen treu, es fügte sich in seine schaffende Rechte und versagte nie.

David ist nicht mehr aufzuhalten, er muß seinen Schatz sogleich dem Pfarrer zeigen. Agathe versteht ja nicht viel davon und die Mutter noch weniger, sie tut es nur aus gutem Willen, wenn sie das Stemmeisen bewundert und meint, das sei aber ein schöner Schraubenzieher. Es ist beinahe gefrevelt, eine Lästerung, freilich nur aus weiblichem Unverstand.

Der Pfarrer aber ist aufs höchste überrascht. Nein, sagt er, daß ihm so etwas eingefallen ist, deinem Paten! Das hätte ich ihm nicht zugetraut!

Oh, dieser heuchlerische Pfarrer! Hat er nicht selbst vor etlichen Tagen einen Brief vom Kammerherrn bekommen und wiederum einen fortgeschickt?

Nun könnten wir einen Taubenschlag bauen, meint er, was sagst du dazu? Schon seit Jahr und Tag hat er das im Sinn, nur fehlte es immer am Werkzeug für eine so feine Arbeit.

Jawohl, ein Taubenschlag wird gebaut, und Blumenkästen für die Köchin Helene, damit ihr niemand mehr Ableger stehlen kann, und ein Fußschemel für Agnes, aus Birnholz, mit geschweiften Beinen. Sie braucht einen, um den Fuß beim Sticken darauf zu setzen, ein Schemel ist überhaupt unentbehrlich für so ein winziges Ding.

Was hast du da? fragt sie. Fäustlinge?

Ja, Handschuhe. Willst du sie?

Ach, danke! Agnes hat schon welche aus Leder.

So, lederne. David findet wollene schöne, rote Fäustlinge hat nicht jeder Mensch. Aber gleichviel, Agnes könnte sie ohnehin nicht tragen. Ich glaube, sie wären dir zu klein.

Zu klein? Das will sich Agnes nicht sagen lassen, sie hat die zierlichsten Händchen von der Welt. Sofort zieht sie die Fäustlinge an, und sie sind mehr als groß genug, seht nur alle her!

Wirklich, meint auch der Pfarrer. Und sie stehen dir gut, das muß ich schon sagen!

Allmählich lernt es David, sein Garn so zu legen, daß sich der Vogel fängt.

Bis zur Mette darf kein Fleisch gegessen werden, aber das ist ein geringes Übel, wenn man alle Taschen mit Nüssen und süßem Klotzenbrot angefüllt hat. Der Pfarrer schlurft in seinen neuen Pantoffeln durch die Küche und überwacht die Bratäpfel im Rohr. Es ist eine besondere Kunst, Äpfel richtig zu braten. Prall und saftig müssen sie sein und bis ins Kernhaus weichgeschmort. Und obendrein duften sie auch wunderbar, Weihnachten ist ja überhaupt vor allen anderen Festen durch Gerüche ausgezeichnet. Es riecht nach Tannenreisig, nach Wachs und Weihrauch und Vanille, und nicht nur alle Stuben, auch die Leute selbst riechen so, weil sie bis zum Hals mit guten Sachen vollgestopft sind.

Von Zeit zu Zeit wird es nötig, vor das Haus zu gehen und eine Weile Luft zu schöpfen. Da steht man unter dem sternklaren Himmel, die Welt liegt still und hält den Atem an und wartet auf das Wunder. Lange vor Mitternacht sieht man schwebende Lichter auf allen Höhen, als hätten sich Sterne vom Himmel gelöst und wanderten nun ins Tal. Es sind die Kienfackeln und Laternen der Bergbauern, die zur Mette gehen.

Und dann läuten mit einemmal die Glocken freudevoll, die Kirche erstrahlt im hundertfältigen Glanz der Lichter. Gloria! singt der Pfarrer, so laut er nur kann, Gloria in excelsis Deo! Und die Leute fallen ins Knie, Hirten und Bauern, wie damals in der gesegneten Stunde. Zur Christmette singen Frauen auf dem Chor, auch Agathe mit ihrer starken und tiefen Stimme. Der Pfarrer hält inne, um das Lied anzuhören, diese süße und reine Weise von der stillen Heiligen Nacht. Der sie erfand, war kein großer Meister, sondern nur ein geringer Mensch. Ein einziges Mal löste ihm der Engel die Zunge, und dann schwieg er wieder.

Nach der Mette wünscht man einander gute Feiertage auf dem Kirchplatz, man stampft und schlägt mit den Armen, um sich warm zu machen, ehe man nach Hause trabt. Väter schleppen wimmernde Stoffbündel im Arm – ja, der Kleine, er wollte sich den Mettgang nicht nehmen lassen, und nun war die Kälte doch zu arg gewesen! Aber es gibt noch heiße Suppe daheim, gewürzten Wein, und das warme Bett macht vieles wieder gut.

Nicht alles. Es gibt einen Heiligen, Ulrich mit Namen, der in dieser Nacht umgeht und bei denen zu Ehren kommt, die sich zuviel des Guten beigemessen haben, allzuviel an Mandeln und Rosinen und Zuckerzeug.

Das Weihnachtsbrot

In unserer Verwandtschaft war es Brauch, daß man sich zur Weihnacht nicht mit Geschenken hin und her belästigte. Nur einer unserer Vettern galt als Ausnahme, weil er als Junggeselle irgendwo in der Einschicht hauste und dort nach dem Hörensagen unabschätzbare Reichtümer hütete. Er war Wegmacher gewesen und hatte jahrelang in der Stille einen ergiebigen Handel nebenher betrieben, mit Schirmen und Brillen und Handschuhen, oder was sonst sorglose Kurgäste auf den Bänken liegen ließen. Einmal fand er sogar einen seidenen Beutel im Kehricht mit etlichen fremdländischen Goldstücken darin. Als ein rechtschaffener und vorsichtiger Mensch lieferte er diesen Schatz im Fundamt ab, und nach drei bangen Jahren konnte er ihn tatsächlich als sein Eigentum zurückverlangen. Daraus zog ich damals die Lehre, daß mitunter sogar die Ehrlichkeit Früchte tragen kann, zur rechten Zeit natürlich und bei rechter Gelegenheit. Insgeheim zählte sich unsere ganze Sippschaft zu den Erben des Vetters, und als zum Advent wieder einmal das Gerücht umging, er werde bald das Zeitliche hinter sich lassen, da konnte sogar meine Mutter ein verschämtes Gelüst nicht ganz unterdrücken. Sie schickte mich zu ihm in der Hoffnung, daß meine Jammergestalt zusammen mit einem Weihnachtsbrot vielleicht das verhärtete Herz des Vetters rühren würde. So begab ich mich also mit diesem köstlichen Wecken unterm Arm auf einen langen Weg der Versuchung; denn der Teufel der Gefräßigkeit lief mit mir und flüsterte mir Anfechtungen ins Ohr. Konnte der zahnlose Vetter die Mandeln und Pistazien, oder gar die Feigen und Zwetschgen überhaupt bewältigen? Sicher nicht.

Ich bohrte also den Wecken vorsichtig an, zuerst am einen und dann am anderen Ende und schlang alles hinunter, was einem Todkranken hätte schaden können. Erst vor der Haustür sah ich mit Schrecken, daß ich eigentlich nur noch einen flachen, kümmerlichen Krapfen in Händen hatte.

Zu meinem Glück lag der Vetter in der hinteren Kammer. In der vorderen fand ich nur glosendes Herdfeuer und auf dem Tisch einen Stapel von Weihnachtsbroten, denn die übrige Verwandtschaft war zwar gleich schlau, aber ein wenig flinker gewesen als die Mutter. Heute noch rechne ich es mir als ein Wunder an Geistesgegenwart an, daß ich meinen zerkrümelten Wecken zu den übrigen legte und mit einem noch heilen unterm Arm in die Schlafstube trat. Der Vetter betrachtete mein Christgeschenk und befahl mir, angewidert, es draußen in der Küche irgendwo auf den Haufen zu legen. Daraufhin entspann sich ein Disput zwischen uns. Ich sagte meinem Vetter, der Wecken sei ein köstlicher Wecken und in der Küche fräßen ihn doch nur die Mäuse. Als er zornig behauptete, es gäbe überhaupt keine Mäuse in seinem Hause, da brachte ich ihm kaltblütig meinen ausgeweideten Wecken ans Bett. Der Vetter legte mir gerührt die Hand auf meinen Strohkopf. Ich sei ein braves Kind, sagte er, und dann schenkte er mir noch den guten Wecken samt dem geschändeten, so daß ich auf dem Heimweg auch die letzten Spuren meiner Schandtat vertilgen konnte. Zur Ehre meiner Familie muß ich noch erwähnen, daß wir später nichts von dem Vetter geerbt haben, weil er nämlich gar nichts zu vererben hatte.

Die alte Krippe

In meinem Wesen muß wohl etwas Ameisenhaftes tätig sein, nicht etwa der widerliche Fleiß dieser Tiere, das Emsige also, sondern ihr wunderlicher Trieb, alles Erdenkliche unterwegs aufzulesen und in den Bau zu schleppen. Anders wüßte ich nicht zu erklären, wie sich die Jahre her so zweckloser Kram auf meinem Schreibtisch ansammeln konnte, eine Unmenge von Kieselsteinen, ein papierdünner Krähenschädel, den ich meinem Hund abgejagt habe, oder eine harte, schwarzglänzende Knolle, deren Herkunft zuweilen auch gelehrte Besucher in Verlegenheit bringt. Mir selber ist das Was und Woher gleichgültig, diese Dinge sind eben da, um von Zeit zu Zeit in die Hand genommen und betrachtet zu werden. Sein letztes Geheimnis hat noch keines preisgegeben. Der älteste Gast meiner Stube ist ein spannenhoher Mohr aus Wachs, kostbar in Seide und Brokat gekleidet, einer von den drei Heiligen Königen namens Melchior. Anfangs klebte er oben auf dem Türbalken, ich besaß noch keinen Schreibtisch, als er bei mir einkehrte. Um jene Zeit war ich dabei, mich als junger Lehrer unter den Dorfleuten einzurichten, die ablaufende Flut des Krieges hatte mich in diesem entlegenen Winkel angeschwemmt, einen verdrossenen und aufsässigen Burschen. Meine Pläne flogen hoch hinaus, in mir brannte das Verlangen, ein anderer zu sein als der, der ich war. Ich wußte damals nicht, wie vermessen dieser Wunsch ist und wie tief sich Gottes Güte darin bewährt, daß sie ihn nie erfüllt. Auch die andere Erfahrung fehlte mir noch: daß man das Schicksal nicht mit Vorschlägen verärgern darf, weil es zu viel Wert auf seine eigenen Einfälle legt.

Gleichwohl war der neue Schulmeister mit großen Erwartungen empfangen worden, besonders der Pfarrer hoffte, ich würde dem Brauch nach fähig sein, dem gichtigen Mesner wenigstens die Arbeit des Orgelschlagens abzunehmen. Aber dem war nicht so, ich bin ein bißchen zu langsam von Natur, und deshalb hatte ich es in vier Schuljahren nicht erlernt, meine Finger schnell genug dorthin zu bringen, wo sie ein eigensinniger Notenschreiber haben wollte.

Eines Abends nun, schon spät im Jahr, kam der geistliche Herr selber zu mir in meine Kammer, mit einer Kiste auf der Schulter. Weil er keine schickliche Gelegenheit sah, seine Last loszuwerden, setzte sich der Pfarrer fürs erste auf mein Bett, mit dieser Kiste in Händen, und dann begann er mir zu erklären, was er sich ausgedacht hatte. Für irgend etwas, hatte er gedacht, müsse doch wohl sogar ein Mensch wie ich zu brauchen sein. Nun käme der Advent, und die Leute erwarteten, daß endlich die Krippe in der Kirche aufgestellt würde. Aber schon im letzten Jahr sei so gut wie nichts mehr vorhanden gewesen, nur die Mutter Maria, ein Hirt, der zur Not den heiligen Joseph vertreten konnte, und der Ochs natürlich, unverwüstlich aus Eisen geschmiedet. Das wächserne Christkind selber habe der Mesner leider zuletzt noch auf das Pflaster fallen lassen. Kurzum, der Pfarrer wußte sich nicht mehr zu raten, und darum wollte er fragen, ob ich mir etwa zutraute, das Nötigste wieder zusammenzuflicken.

Wir schütteten also das Zeug in der Kiste auf den Boden, niesend und hustend, weil nichts zutage kam als eine Wolke aus Mäusekot und vertrockneten Motten. Aber unverdrossen grabend fanden wir doch eine Handvoll Wachsköpfe unter dem Mist, eine Herde lahmer Schäfchen nach und nach, den eisernen Ochsen und einen zerzausten Engel, der aber noch immer das Gloria vom Blatt sang. Unser Eifer machte uns so durstig, daß mein Gast noch einmal in den Pfarrhof lief, um der Köchin einen Krug Wein abzunötigen. Wir saßen noch die halbe Nacht und froren und tranken einander zu wie alte Zechbrüder. Die Bärte brauchten wir uns dabei nicht zu wischen, der Pfarrer durfte keinen tragen und bei mir sproßte noch nicht viel dergleichen auf den Wangen. Am anderen Morgen ließ ich die Kinder gleich nach dem ersten Vaterunser wieder aus der Schule laufen und fing getrost an, einen neuen Krippenberg aufzubauen, mit klammen Fingern in der eisigen Kirchenluft. Werkzeug verstand ich zu handhaben, ich war bei meinem Vater, dem Zimmermann, in einer guten Lehre gewesen. Aber es fand sich nur wenig Brauchbares in den Truhen auf der Pfarrtenne, – sein Hammer sei der Weihwedel, sagte der Pfarrer beleidigt. Dennoch lief er eifrig hin und her und schleppte herbei, was ich verlangte oder was er selber für nützlich hielt, er war freilich stärker im Gottvertrauen als im Handwerk.

Ich nagelte nun ein paar Blöcke zusammen, legte gute Bretter darüber und verdarb sie gleich wieder, indem ich Löcher hineinbohrte. Dann schnitzte ich Stäbe aus Schindelholz, um sie in diese Löcher zu leimen, länger oder kürzer nach einer wohlbedachten Ordnung. Aber Leim war nur für Geld zu haben, und da seufzte der Pfarrer schwer. Zum erstenmal las ich Zweifel und Bestürzung aus seinen Augen, – hatte er sich etwa mit einem Abenteurer eingelassen?

In der Folge mußte mein geistlicher Handlanger noch weit mehr an Heimsuchungen überstehen. Nicht genug, daß ich den brüchigen Ofen in der Sakristei anheizte und Leimwasser im Weihbrunnkessel rührte, ich verlangte auch noch den Schlüssel zum Paramentenschrank, zog Leinwand heraus und tauchte sie ungerührt in die heiße Brühe. Dann breitete ich das nasse Tuch über jene Stäbe und formte schnell ein ansehnliches Gebirg aus dem erstarrenden Zeug. Zunächst gefror es ja wohl nur, aber nach und nach, hoffte ich, würden die Nothelfer auch den Leim das Seine tun lassen. Dem Pfarrer blieb indessen keine Zeit, meine Zauberei zu bestaunen, er mußte auf den Altarstufen sitzen und Glasscherben im Küchenmörser zerstoßen, damit wir nachher den höchsten Gipfel mit glitzerndem Schnee bestreuen konnten. Nun war ja schon alles einerlei, auch Pinsel und Farben ließen sich beschaffen, mit den ängstlich gezählten Groschen, die der Opferstock hergab. Wälder und Felsen malte ich, grasgrüne Almböden dazwischen, Weg und Steg wurde gebahnt und Bäche aus gebleichtem Flachs stürzten durch die Schluchten herab, es nahm sich prächtig aus im Kerzenschein. Ganz zuletzt, um das Wichtigste nicht zu vergessen, schnitt ich ein Loch in die Leinwand und baute den Stall hinein, rechtschaffenes Bundwerk, Krippe und Futterraufe, und ein verglastes Fenster auch, man konnte es sogar von hinten beleuchten.

Am anderen Tag, der ein Sonntag war, hatte die Kirche einen Zulauf wie nie zuvor. Es stank zwar gräßlich nach Leim und Farbe, aber der Pfarrer tröstete die Gemeinde von der Kanzel herab mit der neuen Wahrheit, daß auch gute Werke mitunter übel röchen.

Es galt nun, meine weitläufige Landschaft auch zu bevölkern. Der Kälte wegen lud mich der Pfarrer bei sich auf seiner Stube ins Quartier, und als ich ihm klagte, daß ich wohl leidlich mit Hobel und Stemmeisen, aber weit weniger sicher mit Nadel und Faden umzugehen wisse, hatte er obendrein den Mut, alle Mädchen zur Hilfe herbeizurufen, die im Dorf noch hinter der Jungfernfahne gehen durften, es war ja kein allzugroßes Aufgebot, versteht sich.

Immer nach dem Gebetläuten ließ sich auch der alte Herr bei uns nieder, er rauchte behaglich seine Pfeife, und nebenher las er uns manches Erbauliche über das Leben der Heiligen aus einem Buche vor, bis er endlich selber dabei entschlief. Aber dann rückten sofort zwei ehrwürdige Schwestern vom Armenhaus herüber auf die Wache. Offenbar wollte man mir eher den ganzen Kirchenschatz an Gold und Silber ausliefern, als diese kostbare Mädchenschar, obwohl mir wahrhaftig schon damals in meinen jungen Jahren Gefährlicheres an Versuchungen begegnet war. Mein Teil blieb es schließlich, das hölzerne Getier wieder instand zu setzen, während die Unschuld mit viel Gekicher und Schämigtun Hosen und Röcke für die Hirten schneiderte. Besonders die Mesnertochter zeigte sich anstellig und auch sonst nicht uneben. Sie war ein etwas abschüssiges Frauenzimmer, sozusagen, schwarzgelockt und flink mit der Zunge. Ich hätte sie gut bei mir in der Ofenecke brauchen können, damit sie mir die Schnitzmesser zureichte, aber das wollten die argwöhnischen Schwestern nicht erlauben. Nur soviel konnte ich erreichen, daß ich der Auserwählten ab und zu zeigen durfte, wie der Mantel der Jungfrau und die Gewänder der Könige mit Gold und Perlen zu besticken waren. Gleich wurde ich wieder auf meine Bank gescheucht, um dort arglose Schäfchen auf die Beine zu stellen und einen neuen Esel aus Birnholz zu schnitzen.

Wir sparten nicht mit Einfällen. Sennleute mit Käselaiben unterm Arm oder einem Lämmchen auf den Schultern sollten vom Berg herablaufen, ein Jäger samt seinen Hunden, sogar einen ganzen Brautzug wollten wir sehen lassen mit dem Hochzeitlader und den Musikanten voraus. Der Mesnertochter gefiel freilich mein Esel am besten. Etwas an ihm komme ihr bekannt vor, meinte sie, vielleicht liege es an seinem entsagungsvollen Blick.

Den Dorfleuten gingen jedenfalls die Augen über, als wir am frühen Christabend schön angetan und feierlich gestimmt in die Kirche zogen, um unser Krippenzeug aufzustellen. Da war plötzlich ein buntes Leben und ein heiteres Gedränge unter all dem kleinen Volk aus Holz und Wachs, da funkelte es und gleißte von Edelsteinen im Kerzenlicht, herzbewegend schön. Etliche Griesgräme schüttelten freilich die Köpfe und wollten sauer blicken. Aber ich hielt es schon immer so: wenn die Frömmigkeit im vordersten Kirchenstuhl das wäre, was Gott wirklich will, dann könnte ich auch zu ihm kein rechtes Zutrauen mehr haben.

Auf dem Stroh lag das himmlische Kind, wieder heil an allen Gliedern, Maria kniete vor ihm, und am Türpfosten lehnte der

Heilige Joseph, biedere Einfalt im Gesicht. Hinten im milden Licht des Stallfensters konnte man Ochs und Esel erkennen. Sie hatten die Raufe voll Futter und fraßen doch kein Hälmchen, denn was geschehen war, mußte ja diesmal mit dem Kopf, nicht mit dem Maul begriffen werden.

Mir selber gefiel mein Werk nicht weniger als den Leuten in der Runde, damals machte ich mir noch keine Sorgen um Dinge, die den feineren Geschmack betrafen. Die Evangelisten waren alle karge Erzähler gewesen, ihnen lag es näher, das Unerhörte voranzustellen. Gott hatte darauf verzichtet, mit der Gewalt seiner Allmacht in die Zeitenwende zu greifen, er war als Mensch unter die Menschen gegangen, um ihnen die Not des Daseins vorzuleben und das Geheimnis der Erlösung durch die Kraft des Glaubens zu enthüllen. Das sichtbar Geschehene, das Alltägliche schien ihnen kaum wert, berichtet zu werden. Aber das einfache Gemüt blickt in die Krippe wie in einen Spiegel, es sieht darin ein Gleichnis seiner eigenen Bedrängnis und Dürftigkeit. Wüste oder Bergwildnis, gleichviel, überall sind Mann und Frau unterwegs, um eine Heimstatt für das Kind zu suchen. Das kalte Herz des Nachbarn treibt sie umher auf der Flucht vor dem Hochmut der Mächtigen, und nirgends ist Platz für sie in der Herberge. Darum muß die Schar der Hirten gelaufen kommen, nicht nur um aufs Knie zu fallen, sondern um zu helfen. Denn allein die Armut weiß, daß ein leerer Bettelsack schwerer drückt als ein Sack voll Dukaten.

Aber Wunder geschehen doch auch, es kommen nicht etwa Gaukler und Zauberer aus dem Morgenland herbei, sondern großmächtige Könige, die das Volk sogar bei Namen zu nennen weiß, Kaspar, Melchior und Balthasar. Nur vom Ochsen und vom Esel hat die Schrift durchaus nichts zu melden. Ich weiß nicht mehr, wo ich die Geschichte von diesem ungleichen Paar zuerst hörte, wahrscheinlich hat sie wohl nur meine Mutter erfunden, um den lästigen Frager loszuwerden, der auf dem Kinderschemel zu ihren Füßen saß.

Demnach war es aber so, daß der Erzengel, während Joseph mit Maria nach Bethlehem wanderte, die Tiere in der Gegend heimlich zuammenrief, um eines oder das andere auszuwählen, das der Heiligen Familie im Stall mit Anstand aufwarten konnte.

Als erster meldete sich natürlich der Löwe. Nur jemand von königlichem Geblüt sei würdig, brüllte er, dem Herrn der Welt zu dienen. Er werde sich mit all seiner Stärke vor die Tür setzen und jeden zerreißen, der sich in die Nähe des Kindes wagte.

»Du bist mir zu grimmig«, sagte der Engel.

Darauf schlich der Fuchs heran und erwies in aller Unschuld eines Gaudiebes seine Reverenz mit der Rute. König hin oder her, meinte er, vor allem sei doch für die leibliche Notdurft zu sorgen. Deshalb mache er sich erbötig, süßesten Honig für das Gotteskind zu stehlen, und jeden Morgen auch ein Huhn in den Topf für die Wöchnerin.

»Du bist mir zu liederlich«, sagte der Engel. Nun stelzte der Pfau in den Kreis. Das Sonnenlicht glänzte in seinem Gefieder, rauschend entfaltete er sein Rad. So wolle er es auch hinter der Krippe aufschlagen, erklärte er, und damit den armseligen Schafstall köstlicher schmücken als Salomon seinen Tempel. »Du bist mir zu eitel«, sagte der Engel.

Hinterher kamen noch viele der Reihe nach, Hund und Katze, die kluge Eule und die süß flötende Nachtigall, jedes pries seine Künste an, aber vergeblich. Zuletzt blickte der strenge Cherub noch einmal um sich und sah Ochs und Esel draußen auf dem Felde stehen, beide im Geschirr, denn sie dienten einem Bauern und mußten Tag für Tag am Wassergöpel im Kreise laufen.

Der Engel rief auch sie herbei. »Ihr beiden, was habt ihr anzubieten?«

»Nichts, Euer Gnaden«, sagte der Esel und klappte traurig seine Ohren herunter. »Wir haben nichts gelernt, außer Demut und Geduld. Denn in unserem Leben hat uns alles andere immer nur noch mehr Prügel eingetragen.

«»Aber«, warf der Ochse schüchtern ein, »aber vielleicht könnten wir dann und wann ein wenig mit den Schwänzen wedeln und die Fliegen verscheuchen!«

»Dann seid ihr die rechten!« sagte der Engel.

Nun, auch mir waren die Himmlischen wohlgesinnt. Es stieg nicht nur mein Ansehen im Dorf, die Krippe brachte mir auch sonst reichen Segen bis ins Neue Jahr hinein, weil die Leute es den Hirten gleichtun wollten und nahrhafte Opfergaben zurückließen, schön verzierte Butterknollen oder eine ganze Speckseite gelegentlich. So hielt es sich dann Jahr für Jahr, bis die Zeiten wieder rauher wurden und mich von neuem ins Gedränge brachten. Als ich heimkehrte, war der alte Pfarrer längst gestorben. Seine Nachfolger hielten es mit dem Fortschritt, sie räumten gründlich auf unter dem ganzen altmodischen Plunder in der Kirche und schafften auch eine andere Krippe an, eine würdigere, das mußte ich zugeben. Inzwischen hatte man ja Fabriken eingerichtet, die imstande waren, den ganzen Heiligenhimmel samt dem lieben Gott aus Gips zu gießen. Das grämte mich weiter nicht, ich war in eine brandneue Zeit geraten, aber doch in der alten daheimgeblieben.

Eine Weile stöberte ich unter dem Kirchendach herum, und da fand sich noch etliches, auch mein Mohrenkönig in einer Schachtel voll Staub und Moder. Nun, ich habe hier nichts Tiefschürfendes beizubringen, sondern bloß ein wenig erzählen wollen, mit Ehrfurcht auch dort, wo sie vielleicht zu fehlen scheint. Alle echten Dinge sind schlicht und leise, im Kleinen wie im Großen. Laut sind nur die großen Worte.

Und es begab sich ...

Worüber das Christkind lächeln mußte

Als Josef mit Maria von Nazareth her unterwegs war, um in Bethlehem anzugeben, daß er von David abstamme, was die Obrigkeit so gut wie unsereins hätte wissen können, weil es ja längst geschrieben stand, – um jene Zeit also kam der Engel Gabriel heimlich noch einmal vom Himmel herab, um im Stalle nach dem Rechten zu sehen. Es war ja sogar für einen Erzengel in seiner Erleuchtung schwer zu begreifen, warum es nun der allererbärmlichste Stall sein mußte, in dem der Herr zur Welt kommen sollte, und seine Wiege nichts weiter als eine Futterkrippe. Aber Gabriel wollte wenigstens noch den Winden gebieten, daß sie nicht gar zu grob durch die Ritzen pfiffen, und die Wolken am Himmel sollten nicht gleich wieder in Rührung zerfließen und das Kind mit ihren Tränen überschütten, und was das Licht in der Laterne betraf, so mußte man ihm noch einmal einschärfen, nur bescheiden zu leuchten und nicht etwa zu blenden und zu glänzen wie der Weihnachtsstern.

Der Erzengel stöberte auch alles kleine Getier aus dem Stall, die Ameisen und Spinnen und die Mäuse, es war nicht auszudenken, was geschehen konnte, wenn sich die Mutter Maria vielleicht vorzeitig über eine Maus entsetzte! Nur Esel und Ochs durften bleiben, der Esel, weil man ihn später ohnehin für die Flucht nach Ägypten zur Hand haben mußte, und der Ochs, weil er so riesengroß und so faul war, daß ihn alle Heerscharen des Himmels nicht hätten von der Stelle bringen können.

Zuletzt verteilte Gabriel noch eine Schar Engelchen im Stall herum auf den Dachsparren, es waren solche von der kleinen Art, die fast nur aus Kopf und Flügeln bestehen. Sie sollten ja auch bloß still sitzen und achthaben und sogleich Bescheid geben, wenn dem Kinde in seiner nackten Armut etwas Böses drohte. Noch ein Blick in die Runde, dann hob der Mächtige seine Schwingen und rauschte davon.

Gut so. Aber nicht ganz gut, denn es saß noch ein Floh auf dem Boden der Krippe in der Streu und schlief. Dieses winzige Scheusal war dem Engel Gabriel entgangen, versteht sich, wann hatte auch ein Erzengel je mit Flöhen zu tun! Als nun das Wunder geschehen war, und das Kind leibhaftig auf dem Stroh lag, so voller Liebreiz und so rührend arm, da hielten es die Engel unterm Dach nicht mehr aus vor Entzücken, sie umschwirrten die Krippe wie ein Flug Tauben. Etliche fächelten dem Knaben balsamische Düfte zu und die anderen zupften und zogen das Stroh zurecht, damit ihn ja kein Hälmchen drücken oder zwicken möchte.

Bei diesem Geraschel erwachte aber der Floh in der Streu. Es wurde ihm gleich himmelangst, weil er dachte, es sei jemand hinter ihm her, wie gewöhnlich. Er fuhr in der Krippe herum und versuchte alle seine Künste und schließlich, in der äußersten Not, schlüpfte er dem göttlichen Kinde ins Ohr.

»Vergib mir!« flüsterte der atemlose Floh, »aber ich kann nicht anders, sie bringen mich um, wenn sie mich erwischen. Ich verschwinde gleich wieder, göttliche Gnaden, laß mich nur sehen, wie!«

Er äugte also umher und hatte auch gleich seinen Plan.

»Höre zu«, sagte er, »wenn ich alle Kraft zusammennehme, und wenn du still hältst, dann könnte ich vielleicht die Glatze des heiligen Josef erreichen, und von dort weg kriege ich das Fensterkreuz und die Tür …«

»Spring nur!« sagte das Jesuskind unhörbar, »ich halte stille!«

Und da sprang der Floh. Aber es ließ sich nicht vermeiden, daß er das Kind ein wenig kitzelte, als er sich zurechtrückte und die Beine unter den Bauch zog.

In diesem Augenblick rüttelte die Mutter Gottes ihren Gemahl aus dem Schlaf.

»Ach, sieh doch!« sagte Maria selig, »es lächelt schon!«

Wie ein Hirtenknabe das Christkind tröstete

In jener Nacht, als den Hirten der schöne Stern am Himmel erschienen war und sie sich alle auf den Weg machten, den ihnen der Engel gewiesen hatte, da gab es auch einen Buben darunter, der noch so klein und dabei so arm war, daß ihn die anderen gar nicht mitnehmen wollten, weil er ja ohnehin nichts besaß, was er dem Gotteskind hätte schenken können.

Das wollte nun der Knirps nicht gelten lassen. Er wagte sich heimlich ganz allein auf den weiten Weg und kam auch richtig in Bethlehem an. Aber da waren die anderen schon wieder heimgegangen und alles schlief im Stall. Der hl. Josef schlief, die Mutter Maria, und die Engel unter dem Dach schliefen auch, und der Ochs und der Esel, und nur das Jesuskind schlief nicht. Es lag ganz still auf seiner Strohschütte, ein bißchen traurig vielleicht in seiner Verlassenheit, aber ohne Geschrei und Gezappel, denn es war ja ein besonders braves Kind, wie sich denken läßt.

Und nun schaute das Kind den Buben an, wie er da vor der Krippe stand und nichts in Händen hatte, kein Stückchen Käse und kein Flöckchen Wolle, rein gar nichts. Und der Knirps schaute wiederum das Christkind an, wie es da liegen mußte und nichts gegen die Langeweile hatte, keine Schelle und keinen Garnknäuel, rein gar nichts.

Da tat dem Hirtenbuben das Himmelskind in der Seele leid. Er nahm das winzig kleine Fäustchen in seine Hand und bog ihm den Daumen heraus und steckte ihn dem Christkind in den Mund.

Und von nun an brauchte das Jesuskind nie mehr traurig zu sein, denn der arme, kleine Knirps hatte ihm das Köstlichste geschenkt, was einem Wickelkind beschert werden kann: den eigenen Daumen.

Wie der kranke Vogel geheilt wurde

Anfangs kam nur geringes Volk aus der Stadt heraus zum Stall, sogar etliches Gesindel darunter, wie es sich immer einfindet, wenn viele Menschen zusammenlaufen, aber vor allem auch Arme und Kranke, die Blinden und die Aussätzigen. Sie knieten vor dem Knaben und verneigten sich und baten inbrünstig, daß er sie heilen möchte. Vielen wurde auch wirklich geholfen, nicht durch Wundermacht, wie sie in ihrer Einfalt meinten, sondern durch die Kraft ihres Glaubens.

Lange Zeit stand auch ein kleines Mädchen unter dem Leutehaufen vor der Tür und konnte sich nicht durchzwängen. Die Mutter Maria rief es endlich an. »Komm herein!« sagte sie. »Was hast du da in deiner Schürze?« Das Mädchen nahm die Zipfel auseinander und da hockte nun ein Vogel in dem Tuch, verschreckt und zerzaust, ein ganz kleiner Vogel.

»Schau ihn an«, sagte das Mädchen zum Christkind, »ich habe ihn dem Buben weggenommen und dann wollte ihn auch noch die Katze fressen. Kannst du ihn nicht wieder gesund machen? Wenn ich dir meine Puppe dafür gebe?«

Ach, die Puppe! Es war ja trotzdem eine arg schwierige Sache. Auch der heilige Josef kratzte sich den kahlen Schädel, sonst ein umsichtiger Mann, und die Bresthaften in ihrem Elend standen rund herum und alle starrten auf den halbtoten Vogel in der Schürze. Hatte etwa auch er eine gläubige Seele?

Das wohl kaum. Aber seht, das Himmelskind wußte selber noch nicht so genau Bescheid und deshalb blickte es einmal schnell nach oben, wo die kleinen Engel im Gebälk saßen. Die flogen auch gleich herab, um zu helfen, Vögel waren ja ihre liebsten Gefährten unter dem Himmel. Nun glätteten sie dem Kranken das Gefieder und säuberten ihn, sie renkten den einen Flügel sorgsam ein und stellten ihm auch den Schwanz wieder auf, denn was ist ein Vogel ohne Schwanz, ein jämmerliches Ding!

Von all dem merkten die Leute natürlich nichts, sie sahen nur, wie sich die Federn des Vogels allmählich legten, wie er den Schnabel aufriß und ein bißchen zu zwitschern versuchte. Und plötzlich hob er auch schon die Flügel, mit einem seligen Schrei schwang er sich über die Köpfe weg ins Blaue.

Da staunte die Menge und lobte Gott um dieses Wunders willen. Nur das kleine Mädchen stand noch immer da und hielt die Zipfel seiner Schürze offen. Es war aber nichts mehr darin außer einem golden glänzenden Federchen. Und das mußte nicht eine Vogelfeder sein, das konnte auch einer von den Engeln im Eifer verloren haben.

Warum der schwarze König Melchior so froh wurde

Allmählich verbreitete sich das Gerücht von dem wunderbaren Kinde mit dem Schein ums Haupt und drang bis in die fernsten Länder. Dort lebten drei Könige als Nachbarn, die seltsamerweise Kaspar, Melchior und Balthasar hießen, wie heutzutage ein Roßknecht oder ein Hausierer.

Sie waren aber trotzdem echte Könige und was noch merkwürdiger ist, auch weise Männer. Nach dem Zeugnis der Schrift verstanden sie den Gang der Gestirne vom Himmel abzulesen, und das ist eine schwierige Kunst, wie jeder weiß, der einmal versucht hat, hinter einem Stern herzulaufen.

Diese drei also taten sich zusammen, sie rüsteten ein prächtiges Gefolge aus, und dann reisten sie eilig mit Kamelen und Elefanten gegen Abend. Tagsüber ruhten Menschen und Tiere unter den Felsen in der steinigen Wüste, und auch der Stern, dem sie folgten, der Komet, wartete geduldig am Himmel und schwitzte nicht wenig in der Sonnenglut, bis es endlich wieder dunkel wurde. Dann wandelte er von neuem vor dem Zuge her und leuchtete feierlich und zeigte den Weg.

Auf diese Art ging die Reise gut voran, aber als der Stern über Jerusalem hinaus gegen Bethlehem zog, da wollten ihm die Könige nicht mehr folgen. Sie dachten, wenn da ein Fürstenkind zu besuchen sei, dann müsse es doch wohl in einer Burg liegen und nicht in einem armseligen Dorf. Der Stern geriet sozusagen in Weißglut vor Verzweiflung, er sprang hin und her und wedelte und winkte mit dem Schweif, aber das half nichts. Die drei Weisen waren von einer solchen Gelehrtheit, daß sie längst nicht mehr verstehen konnten, was jedem Hausverstand einging.

Indessen kam auch der Morgen herauf und der Stern verblich. Er setzte sich traurig in die Krone eines Baumes neben dem Stall und jedermann, der vorüberging, hielt ihn für nichts weiter als eine vergessene Zitrone im Geäst. Erst in der Nacht kletterte er wieder heraus und schwang sich über das Dach.

Die Könige sahen ihn beglückt, Hals über Kopf kamen sie herbeigeritten. Den ganzen Tag hatten sie nach dem verheißenen Kinde gesucht und nichts gefunden, denn in der Burg zu Jerusalem saß nur ein widerwärtig fetter Bursche namens Herodes.

Nun war aber der eine von den dreien, der Melchior hieß, ein Mohr, baumlang und so tintenschwarz, daß selbst im hellen Schein des Sternes nichts von ihm zu sehen war als ein Paar Augäpfel und ein fürchterliches Gebiß. Daheim hatte man ihn zum König erhoben, weil er noch ein wenig schwärzer war als die anderen Schwarzen, aber nun merkte er zu seinem Kummer, daß man ihn hierzulande ansah, als ob er in der Haut des Teufels steckte.

Schon unterwegs waren alle Kinder kreischend in den Schoß der Mütter geflüchtet, sooft er sich von seinem Kamel herabbeugte, um ihnen Zuckerzeug zu schenken, und die Weiber würden sich bekreuzigt haben, wenn sie damals schon hätten wissen können, wie sich ein Christenmensch gegen Anfechtungen schützt. Als letzter in der Reihe trat Melchior zaghaft vor das Kind und warf sich zur Erde. Ach, hätte er jetzt nur ein kleines weißes Fleckchen zu zeigen gehabt oder wenigstens sein Innerstes nach außen kehren können! Er schlug die Hände vors Gesicht, voll Bangen, ob sich auch das Gotteskind vor ihm entsetzen würde.

Weil er aber weiter kein Geschrei vernahm, wagte er ein wenig durch die Finger zu schielen, und wahrhaftig, er sah den holden Knaben lächeln und die Hände nach seinem Kraushaar ausstrecken. Über die Maßen glücklich war der schwarze König! Nie zuvor hatte er so großartig die Augen gerollt und die Zähne gebleckt von einem Ohr zum andern. Melchior konnte nicht anders, er mußte die Füße des Kindes umfassen und alle seine Zehen küssen, wie es im Mohrenlande Brauch war.

Als er aber die Hände wieder löste, sah er das Wunder – sie waren innen weiß geworden!

Und seither haben alle Mohren helle Handflächen, geht nur hin und seht es und grüßt sie brüderlich.

Der störrische Esel und die süße Distel

Als der heilige Josef im Traum erfuhr, daß er mit seiner Familie vor der Bosheit des Herodes fliehen müsse, in dieser bösen Stunde weckte der Engel auch den Esel im Stall. »Steh auf!« sagte er von oben herab, »du darfst die Jungfrau Maria mit dem Herrn nach Ägypten tragen«.

Dem Esel gefiel das gar nicht. Er war kein sehr frommer Esel, sondern eher ein wenig störrisch im Gemüt. »Kannst du das nicht selber besorgen?« fragte er verdrossen. »Du hast doch Flügel, und ich muß alles auf dem Buckel schleppen! Und warum denn gleich nach Ägypten, so himmelweit!«

»Sicher ist sicher!« sagte der Engel, und das war einer von den Sprüchen, die selbst einem Esel einleuchten müssen.

Als er nun aus dem Stall trottete und zu sehen bekam, welch eine Fracht der hl. Josef für ihn zusammengetragen hatte, das Bettzeug für die Wöchnerin und einen Pack Windeln für das Kind, das Kistchen mit dem Gold der Könige und zwei Säcke mit Weihrauch und Myrrhe, einen Laib Käse und eine Stange Rauchfleisch von den Hirten, den Wasserschlauch, und schließlich Maria selbst mit dem Knaben, auch beide wohlgenährt, da fing er gleich wieder an, vor sich hinzumaulen. Es verstand ihn ja niemand außer dem Jesuskind.

»Immer dasselbe«, sagte er, »bei solchen Bettelleuten! Mit nichts sind sie hergekommen, und schon haben sie eine Fuhre für zwei Paar Ochsen beisammen. Ich bin doch kein Heuwagen«, sagte der Esel, und so sah er auch wirklich aus, als ihn Josef am Halfter nahm, es waren kaum noch die Hufe zu sehen.

Der Esel wölbte den Rücken, um die Last zurechtzuschieben, und dann wagte er einen Schritt, vorsichtig, weil er dachte, daß der Turm über ihm zusammenbrechen müsse, sobald er einen Fuß voransetze. Aber seltsam, plötzlich fühlte er sich wunderbar leicht auf den Beinen, als ob er selber getragen würde, er tänzelte geradezu über Stock und Stein in der Finsternis.

Nicht lange, und es ärgerte ihn auch das wieder. »Will man mir einen Spott antun?« brummte er. »Bin ich etwa nicht der einzige Esel in Bethlehem, der vier Gerstensäcke auf einmal tragen kann?«

In seinem Zorn stemmte er plötzlich die Beine in den Sand und ging keinen Schritt mehr von der Stelle. »Wenn er mich jetzt auch noch schlägt!« dachte der Esel erbittert, »dann hat er seinen ganzen Kram im Graben liegen!«

Allein, Josef schlug ihn nicht. Er griff unter das Bettzeug und suchte nach den Ohren des Esels, um ihn dazwischen zu kraulen. »Lauf noch ein wenig«, sagte der heilige Josef sanft, »wir rasten bald!«

Daraufhin seufzte der Esel und setzte sich wieder in Trab. »So einer ist nun ein großer Heiliger«, dachte er, »und weiß nicht einmal, wie man einen Esel antreibt!« Mittlerweile war es Tag geworden und die Sonne brannte heiß. Josef fand ein Gesträuch, das dürr und dornig in der Wüste stand, in seinem dürftigen Schatten wollte er Maria ruhen lassen. Er lud ab und schlug Feuer, um eine Suppe zu kochen, der Esel sah es voll Mißtrauen. Er wartete auf sein eigenes Futter, aber nur, damit er es verschmähen konnte. »Eher fresse ich meinen Schwanz«, murmelte er, »als euer staubiges Heu!«

Es gab jedoch gar kein Heu, nicht einmal ein Maul voll Stroh, der heilige Josef in seiner Sorge um Weib und Kind hatte es rein vergessen. Sofort fiel dem Esel ein unbändiger Hunger an. Er ließ seine Eingeweide so laut knurren, daß Josef entsetzt um sich blickte, weil er meinte, ein Löwe säße im Busch.

Inzwischen war auch die Suppe gar geworden und alle aßen davon, Maria aß und Josef löffelte den Rest hinterher und auch das Kind trank an der Brust seiner Mutter, und nur der Esel stand da und hatte kein einziges Hälmchen zu kauen. Es wuchs da überhaupt nichts, nur etliche Disteln im Geröll.

»Gnädiger Herr!« sagte der Esel erbost und richtete eine lange Rede an das Jesuskind, eine Eselsrede zwar, aber ausgekocht scharfsinnig und ungemein deutlich in allem, worüber die leidende Kreatur vor Gott zu klagen hat. »I-A!« schrie er am Schluß, das heißt: »So wahr ich ein Esel bin!«

Das Kind hörte alles aufmerksam an. Als der Esel fertig war, beugte es sich herab und brach einen Distelstengel ab, den bot es ihm an.

»Gut!« sagte der Esel, bis ins Innerste beleidigt. »So fresse ich eben eine Distel! Aber in deiner Weisheit wirst du voraussehen, was dann geschieht. Die Stacheln werden mir den Bauch zerstechen, so daß ich sterben muß, und dann seht zu, wie ihr nach Ägypten kommt!«

Wütend biß er in das harte Kraut, und sogleich blieb ihm das Maul offen stehen. Denn die Distel schmeckte durchaus nicht, wie er es erwartet hatte, sondern nach süßestem Honigklee, nach würzigstem Gemüse. Niemand kann sich etwas derart Köstliches vorstellen, er wäre denn ein Esel. Für diesmal vergaß der Graue seinen ganzen Groll. Er legte seine langen Ohren andächtig über sich zusammen, was bei einem Esel so viel bedeutet, wie wenn unsereins die Hände faltet.

Der Tanz des Räubers Horrificus

Gegen Abend nach der ersten Rast wollte Josef mit den Seinen wieder weiterziehen. Er nahm aber den Esel und ritt voraus hinter einen Hügel, um den Weg zu erkunden. »Es kann doch nicht mehr weit sein bis Ägypten«, dachte er.

Indessen blieb die Muttergottes mit dem Kinde auf dem Schoß allein unter der Staude sitzen, und da geschah es, daß ein gewisser Horrificus des Weges kam, weithin bekannt als der furchtbarste Räuber in der ganzen Wüste.

Das Gras legte sich flach vor ihm auf den Boden, die Palmen zitterten und warfen ihm gleich ihre Datteln in den Hut und noch der stärkste Löwe zog den Schweif ein, wenn er die roten Hosen des Räubers von weitem sah. Sieben Dolche steckten in seinem Gürtel, jeder so scharf, daß er den Wind damit zerschneiden konnte, an seiner Linken baumelte ein Säbel, genannt der krumme Tod, und auf der Schulter trug er eine Keule, die war mit Skorpionsschwänzen gespickt.

»Ha!« schrie der Räuber und riß das Schwert aus der Scheide.

»Guten Abend«, sagte die Mutter Maria. »Sei nicht so laut, er schläft!«

Dem Fürchterlichen verschlug es den Atem bei dieser Anrede, er holte aus und köpfte eine Distel mit dem krummen Tod. »Ich bin der Räuber Horrificus«, lispelte er, »ich habe tausend Menschen umgebracht …«

»Gott verzeihe dir!« sagte Maria.

»Laß mich ausreden«, flüsterte der Räuber, – »und kleine Kinder wie deines brate ich am Spieß!«

»Schlimm«, sagte Maria. »Aber noch schlimmer, daß du lügst!«

Hiebei kicherte etwas im Gebüsch und der Räuber sprang in die Luft vor Entsetzen, noch nie hatte jemand in seiner Nähe zu lachen gewagt. Es kicherten aber nur die kleinen Engel, im ersten Schreck waren sie alle davongestoben und nun saßen sie wieder in den Zweigen. »Fürchtet ihr mich etwa nicht?« fragte der Räuber kleinlaut. »Ach, Bruder Horrificus«, sagte Maria, »was bist du für ein lustiger Mann!«

Das drang dem Räuber lind ins Herz, denn, um die Wahrheit zu sagen, dieses Herz war weich wie Wachs. Als er noch in den Windeln lag, kamen schon die Leute gelaufen und entsetzten sich, »wehe uns«, sagten sie, »sieht er nicht wie ein Räuber aus?« Später kam niemand mehr, sondern jedermann lief davon und warf alles hinter sich, und Horrificus lebte gar nicht schlecht dabei, obwohl er kein Blut sehen und kaum ein Huhn am Spieß braten konnte.

Darum tat es nun dem Fürchterlichen in der Seele wohl, daß er endlich jemanden gefunden hatte, der ihn nicht fürchtete.

»Ich möchte deinem Knaben etwas schenken«, sagte der Räuber, »nur habe ich leider nichts als lauter gestohlenes Zeug in der Tasche. Aber wenn es dir gefällt, dann will ich vor ihm tanzen!«

Und es tanzte der Räuber Horrificus vor dem Kinde und kein lebendes Wesen hatte je dergleichen gesehen. Den krummen Tod hob er über sich gleich der silbernen Sichel des Mondes, die Beine schwang er unterhalb mit dem Anmut einer Antilope und so geschwind, daß man sie nicht mehr zählen konnte. Er schleuderte alle sieben Dolche in die Luft und sprang durch den zerschnittenen Wind, gleich einer Feuerzunge wirbelte er wieder herab. So gewaltig und kunstvoll tanzte der Räuber, so überaus prächtig war er anzusehen mit seinen Ohrringen und dem gestickten Gürtel und den Federn auf dem Hut, daß sogar die Jungfrau Maria ein wenig Glanz in die Augen bekam. Auch die Tiere der Wüste schlichen herbei, die königliche Uräusschlange und die Springmaus und der Schakal, alle stellten sich im Kreise auf und klopften mit ihren Schwänzen den Takt in den Sand.

Schließlich sank der Räuber erschöpft zu Füßen Marias nieder und da schlief er auch gleich ein. Josef war längst weitergezogen, als Horrificus endlich wieder aufwachte und benommen seines Weges ging. Alsbald merkte er auch, daß ihn niemand mehr fürchtete. »Er hat ja ein weiches Herz!«, erzählte die Springmaus überall. »Vor dem Kinde hat er getanzt«, zischte die Schlange. Horrificus blieb in der Wüste, er legte seinen fürchterlichen Namen ab und wurde ein mächtiger Heiliger im Alter, es soll verschwiegen bleiben, wie er im Kalender heißt.

Wenn aber einer von euch etwas zu verbergen hätte und nur sein Herz wäre weich geblieben, so mag er getrost sein. Gott wird ihm dereinst verzeihen um des Kindes willen, wie dem großen Räuber Horrificus.

Die Pelzstiefelchen

Der Mann, dem diese seltsame Geschichte widerfuhr, hieß Josef Unreim. Es war am Heiligen Abend, kurz nach Einbruch der Dunkelheit. Josef, Dienstmann von Beruf, hatte den ganzen Tag auf seinem Platz gestanden, obwohl es bitterkalt war und der Wind mit grausamer Schärfe durch die engen Gassen zog.

Er stand inmer dort, seine schmächtige Gestalt gehörte sozusagen zu diesem armseligen Winkel der großen Stadt, und die Vorübergehenden beachteten ihn so wenig wie die verblaßten Bilderbogen im Schaufenster der Papierhandlung oder wie das giftgrüne Zirkusplakat, das an einer Dachrinne klebte und vom Traufenwasser langsam zerfressen wurde. Die Leute im Viertel waren arm und trugen die Notdurft ihres Lebens auf eigenen Schultern, sie schrieben keine zärtlichen Briefchen und schenkten einander nichts. Zudem, Josef taugte nicht für seinen Beruf, er war häßlich. Die Mägde schrien auf, wenn sie die Türe öffneten und die Fratze seines Gesichts wie einen Spuk aus dem Dunkel kommen sahen.

Josef hatte ein gutes Herz, aber das merkte man nicht. Er bemühte sich, sanft und leise zu sprechen, er ging sogar auf den Zehenspitzen, um den schlimmen Eindruck seines Gesichts ein wenig zu mildem. Aber das machte ihn nur noch abscheulicher, – es sah aus, als plane er immer irgendein Verbrechen von ausgesuchter Heimtücke. Niemand mochte ihn leiden, die Frauen schlugen ihre Augen vor ihm nieder, wenn sie vorübergingen, und die Hunde kläfften ihn an.

Abends wusch er Gläser in einer Bierstube. Er bekam dafür eine Schüssel warmes Essen, und der Kellner erlaubte ihm, unter dem breiten Schanktisch, zwischen Kisten und säuerlich riechenden Fässern zu schlafen.

Nun, es war Weihnacht, da gab es nichts zu tun. Niemand setzte sich an diesem Abend in eine Schenke, es war vielleicht überhaupt kein Mensch so niedrig, daß er nicht irgendwo an dem Feste teilhatte, und daher wußte Josef nicht, wohin er vor der Kälte und dem Wind flüchten sollte.

Einzelne Leute gingen noch vorüber, die Frauen rochen nach Backwerk und die Männer trugen unförmige Dinge unter den Mänteln. Aber alle liefen mit gleicher Hast, sie lächelten und bewegten flüsternd die Lippen.

Josef fühlte etwas Schmerzhaftes in der Kehle aufsteigen. Niemals würde seinetwegen mit Paketen unter dem Arm durch die Gassen laufen, das war selbstverständlich. Aber er hatte Lust, irgendeinem dieser Menschen ein weniges von seiner Freude, von der Seligkeit des Schenkens zu rauben, – einfach hinzugehen und zu sagen: »Geben Sie mir das Paket, Herr, – dieses Schaukelpferdchen, ich will es für Sie tragen, – umsonst, es ist Heiliger Abend!«

Ein junger Mann kam in die Gasse, blieb unschlüssig stehen und ging dann auf Josef zu. Er war gut gekleidet, sein kräftiger Atem hatte den Pelz vor seinem Munde weiß bereift.

»Hören Sie«, sagte er zerstreut, »Sie müssen mir noch etwas besorgen.« – Da sei eine Karte, man werde ihm ein Paket dafür ausfolgen, »ein Paar Pelzstiefel, bei Müller und Sohn, Sie kennen das Geschäft?« Ja, – schön, dieses Paket habe er abzuliefern, die Adresse sei auf der Karte zu finden. »Aber kommen Sie nicht vor acht Uhr, verstanden? – Ihre Nummer?«

»Siebenunddreißig, Herr!«

Der Mann überlegte noch einen Augenblick mit erhobener Hand, – »Ja, gut« – und ging fort.

Josef schob die Karte in seine Rocktasche und machte sich auf den Weg. Die breite Straße war gefüllt mit Menschen, Schaufenster gossen bunte Lichtströme auf das Pflaster.

Josef trat in einen der Läden und wies die Karte vor. Die Verkäuferinnen wühlten nervös in einem Gebirge von weißen Schachteln. »Die Pelzschuhe? – Ach ja. Hier – einen Augenblick ... «

Während das Mädchen nach einem Bindfaden suchte, nahm Josef eines der beiden Stiefelchen in die Hand. Sie waren aus zartem dunkelblauem Leder genäht, aus dem Inneren quoll weißer Pelz wie eine wunderbare fremdländische Blüte. Es schien ihm undenkbar, daß eines Menschen Fuß diese seltsam duftenden Märchenschuhe tragen sollte. Er nahm das Paket in die Arme, wickelte noch einen Flügel seiner Jacke darüber und ging weg, ohne zu grüßen.

Ihm war, als trüge er lebende Wesen an seiner Brust. »Annenstraße«, flüsterte er, »es ist nicht weit.« Im Vorbeigehen schielte Josef nach den Schuhen der Damen, – nichts, es waren gewöhnliche Stiefel, keineswegs immer neu und häufig von Schnee und Wasserflecken beschmutzt.

Das Haus stand allein inmitten einer parkartigen Baumanlage. Es blieb noch mehr als eine Stunde Zeit, aber Josef bedauerte nicht, warten zu müssen. Die Bäume dämpften den Wind, es war dort dunkel und ein wenig wärmer, Josef besaß noch einige kleine Münzen, und plötzlich hatte er den Einfall, sich Zigaretten zu kaufen. Er ließ sich Feuer geben und legte sein Paket auf den Ladentisch. »Bitte«, sagte er hochmütig »der Tisch ist doch wohl sauber?«

Zurückgekehrt, fiel ihm ein, langsam, in nachlässiger Haltung auf und ab zu gehen. Er konnte seine rote Mütze einstecken, dann sah es aus, als warte er da mit einem Paketchen unter dem

Arm. Wenn jemand vorüberging, hüstelte er nervös. »Weiß der Teufel«, hieß das, »wo bleibt sie nur so lange?«

Das Rauchen bekam ihm nicht gut, er war wie berauscht, die Knie wurden schwach. Er suchte nach einer Bank und fand nur eine, auf der schon jemand saß, ein dunkles, unkenntliches Wesen. Aus den Fenstern eines Kaffeehauses fiel ein wenig Licht unter die Bäume. Josef entdeckte, daß es ein Kind war, ein Mädchen, vielleicht zwölf Jahre alt, es saß aufrecht, wie erstarrt im Krampf des Frierens. Josef beugte sich vor, um ihr Gesicht zu sehen und erschrak. Das dunkle Tuch umschloß ein fahles, fast greisenhaftes Gesicht, nur die Augen waren groß und glänzten jugendlich.

»Erlauben Sie«, sagte Josef beklommen, obwohl er schon saß, und rückte an das Ende der Bank, unschlüssig, wie er dieses gespenstische Wesen anreden sollte.

Das Mädchen schwieg. Eine Weile saßen die beiden so nebeneinander, aber dann wurde das Schweigen unerträglich. Josef fing an, sich umständlich die Hände zu reiben und mit den Fingern zu knacken. Er war erregt und fühlte das Bedürfnis zu sprechen, dieses erstarrte Wesen neben sich lebendig zu sehen.

»Es ist kalt«, sagte er, »ekelhaft kalt. Es liegt zu wenig Schnee heuer, das ist der Grund. Weiß der Teufel, ein Blödsinn, da herumzulaufen, statt in der warmen Stube ... «

»Wo soll ich ihn suchen«, sagte das Mädchen plötzlich unvermittelt. Sie sprach leise, nach Kinderart die Worte schnell vor sich hinflüsternd. »Mein Gott, wo, es ist so kalt, – nirgends finde ich ihn.«

Josef verstand nicht, »ja, höre«, sagte er, »du hockst da, – wen willst du denn suchen?«

»Er ist nirgends. Ich war imKeller, und bei Pabetzki war ich, – wo soll ich nur hingehen? – Nein, nein ... «

»Ach so, der Vater!« Nun, in Gottes Namen, das war kein so

großes Unglück, wenn sie den nicht fand; er war vielleicht inzwischen schon heimgekommen. »Wo wohnst du denn? Geh' doch einfach nach Hause.«

»Nach Hause, – nein, die Mutter – es ist jemand bei ihr. Ich bin fort, ich muß den Vater finden. Aber es ist so kalt, ganz tot sind meine Füße.«

Josef sah wie durch Nebel in einen Abgrund voll ungeheuerlichen Elends. Aus Angst, noch mehr zu erfahren, rückte er näher und legte den Arm um die Schultern des Mädchens. Sie ließ es geschehen und drückte sich verstohlen an ihn.

»Ja, es ist kalt«, sagte Josef begütigend, »ich weiß, wie das ist, besonders an den Füßen.«

»Sind Sie auch – so arm?«

»Arm? Nein, nein!« Josef beteuerte lebhaft, wie um etwas Tröstliches zu sagen, daß er nicht arm sei, keineswegs. Aber die Kälte plage am Ende alle Leute, arme wie reiche.

»Überall kann man frieren«, sagte das Mädchen, »an den Händen, im Gesicht, das macht nichts. Aber die Füße, – ich kann nachts nicht schlafen, und wenn ich Hunger habe, ist es ganz schrecklich. – Es tut so weh, und gar nichts hilft.«

»Nichts, nein.« Josef verstummte. Er betrachtete, vornübergeneigt, die Schuhe des Kindes. Sie waren aus dunklem Tuch, geflickt und von Nässe durchtränkt. Da gab es welche aus blauem Leder, mit Pelz verbrämt ...

Es war etwa sieben Uhr, noch wenigstens eine Stunde Zeit. Was konnte es am Ende schaden? Warte einmal, mein Kind«, sagte er fröhlich, »ich habe da etwas, vielleicht hilft es doch.«

Er löste die Schnur von seinem Paket und kniete sich hin, um dem Mädchen die nassen Schuhe abzustreifen. Wahrhaftig, sie waren so kalt, daß er es an seinen erstarrten Fingern fühlen konnte. – »Halte doch nur still, einen Augenblick!« Ohne sich weiter zu besinnen, nahm er die Pelzstiefelchen aus der Schachtel, die kostbaren blauen Pelzstiefelchen, und sie paßten wunderbar. Als er sich aufrichtete, sah ihm das Kind aus seinen großen Augen stumm ins Gesicht. Es schluchzte ein wenig, man wußte nicht recht, ob es lachte oder weinte. Es sah ihn nur an und die Lider füllten sich langsam mit Tränen.

»Nun, ist's gut?« fragte Josef, um seine Rührung zu meistern.

»Ja! O ja!« Das Mädchen zog die Knie an und steckte auch die Hände noch in das Pelzwerk. Ihr schmächtiger Körper dehnte sich, sie drückte die Schultern dankbar gegen Josefs Brust. Ihr Gesichtchen war mit einem Male frischer und fast hübsch geworden.

Josef fühlte eine schmerzliche Bitterkeit im Herzen. »Siehst du«, sagte er traurig, »Kälte und Hunger, das ist nicht das Ärgste, da hilft schon irgend jemand. Aber es gibt noch andere Arten von Unglück. Schau mich an, – ich bin häßlich ...«

»Häßlich?« sagte das Mädchen unschuldig. »Das sind wir alle, Herr.«

»Ja, das sagst du, aber es ist nicht so. Ich bin häßlich, würdest du mich küssen mögen? – Nein, sage nichts, du verstehst das nicht. Siehst du, es kann nicht allen Menschen gut gehen, das stimmt, man plagt sich und leidet seinen Teil, ist's nun viel oder wenig. Aber warum muß ich häßlich sein? Warum muß ich aussehen wie ein Raubmörder? Es ist nicht schön, wenn ich es sage: Ich bin ein guter Kerl. Ich bin vielleicht wirklich kein schlechter Mensch, nein. Wer hat mich so gezeichnet, was schaut da aus meinem Gesicht? Niemand liebt mich, sie wollen nicht einmal, daß ich gut zu ihnen bin ...«

Josef merkte plötzlich, daß das Mädchen eingeschlafen war. »Nun, freilich«, dachte er bitter, »es ist ja langweilig, mein Gejammer.« Er rückte sich zurecht, um es ihr bequemer zu machen, und schwieg. Sie atmete sanft, die laue Wärme des Leibes strömte auf ihn über. Wie wird das nun sein, dachte er, fast ein wenig ärgerlich, – da schläft sie, mit meinen Pelzstiefeln. Es blieb wohl nichts übrig, als sie zu wecken. Er regte den Arm, sie lächelte im Schlaf. Josef zog das Tuch fester um ihre Schultern und dabei streifte seine Hand an etwas Kaltes, das auf der Bank lag. Es waren die alten Schuhe, zusammengeschrumpft und steifgefroren. Nein, da war wohl nichts zu ändern, mochte in Gottes Namen alles seinen Lauf gehen. Es war vielleicht am besten, wenn er einfach wegging, ehe sie aufwachte. Er löste sich vorsichtig von ihr und lehnte den Kopf an den Baum neben der Bank. Sie seufzte nur ein wenig und erwachte nicht.

Josef nahm die Schachtel und ging ruhig fort. Sein Kopf war seltsam leer und nüchtern. Im Vorbeigehen steckte er den Karton durch ein Kellergitter.

Ein Wachmann kam ihm entgegen.

»Nein«, dachte Josef, und bog in eine Seitengasse.

Da schlug die Uhr auf der Marienkirche. Acht!

Josef besann sich einen Augenblick, dann kehrte er um und lief dem Wachmann nach, der langsam und verdrießlich durch die leere Straße schlenderte.

»Verzeihen Sie«, sagte Josef atemlos, »ich glaube, Sie werden mich verhaften müssen.«

Der Wachmann musterte ihn verblüfft. »Was denn ... «

»Ja, die Sache ist so, – ich habe etwas gestohlen.«

»Wissen Sie«, sagte der Wachmann ärgerlich, »Sie sind einfach besoffen! Gehen Sie nach Hause, rate ich Ihnen!«

»Nein, glauben Sie mir, ich habe etwas gestohlen! Ein Paar Pelzstiefel, Herr Wachmann!«

»Kommen Sie mit!«

»Es ist nämlich Heiliger Abend«, sagte Josef und lächelte ...

Die Schöpfung

Wißt ihr auch, wie es zuging, als Gottvater die Welt erschuf? Die Berge und alles, was ihr seht, die Almen und Höfe, und die Dörfer, deren etliche sicher noch viel größer und schöner sein werden als unser eigenes Dorf?

Im Anfang war davon nichts vorhanden, so viel ist euch bekannt. Freilich müßt ihr das richtig verstehen, nicht, als sei Gottvater eine Ewigkeit her sozusagen bettelarm gewesen. Er besaß natürlich schon immer sein Himmelreich, das ihr euch ungefähr wie eine prächtige Wohnung vorstellen müßt. Ihr werdet sie ja dereinst selber sehen, wenn ihr euch danach aufführt, beschreiben kann man sie nicht.

Dort lebte der Herr also mit der Dienerschaft seiner Engelscharen und nichts ging ihm ab, außer vielleicht ein wenig Kurzweil dann und wann. Denn das lustige Volk der Heiligen fehlte ja noch und die Engel hatten auch ihr Lebtag nichts anderes zu besingen gelernt als Gottes eigene Herrlichkeit.

Aber das verdroß den Herrn kaum einmal, etwas anderes verleidete ihm schließlich sein schönes Himmelshaus. Innen konnte es ja gar nicht besser sein, aber außerhalb, versteht ihr, außen herum war es wüst und leer.

Darum fing Gott an nachzudenken, was sich aus dem Nichts, aus dem leeren Weltgehäuse wohl machen ließe, und nachdem er vieles ausgedacht und wieder verworfen hatte, blieb er zuletzt dabei, daß ein schöner Garten unterm Himmel doch am besten wäre.

Das Ärgste, dachte der Herr, als er an die Arbeit ging, das Grundübel ist die Finsternis, dem muß man zuerst abhelfen. Er zündete auf der einen Seite ein helles und wärmendes Licht an, und alles Dunkel ließ er von den Engeln auf der andern Seite zusammenkehren. Freilich waren die Engel noch an keine Arbeit gewöhnt und nahmen es nicht so genau, und daher kommt es auch, daß noch heutzutage jedes Ding einen Schatten hinter sich hat.

Die helle Seite nannte Gott den Tag, die dunkle hieß er Nacht, und weil ihm diese schwierige Sache so prächtig gelungen war, freute er sich sehr. Er ließ es fürs erste genug sein und ging in sein Himmelshaus zurück; aber das kostbare Licht sparte er, die Sonne löschte er wieder aus. Und nur, damit die Finsternis nicht von neuem überhand nahm, versah er auch die Nachtseite mit Lichtern von geringerer Art, ihr wißt, es ist bis heute so geblieben.

Aber wie es eben geht, wenn man einen neuen Plan im Kopf hat, der Gedanke an seinen Garten ließ den Herrn nicht mehr ruhen. Gewiß, wenn er sich die Welt bei Licht besah, so war sie nichts als eine trostlose Wildnis um und um, ein scheußlicher Morast, in dem die Berge kopfüber steckten, die Hügel und alles, woran wir jetzt unsere Freude haben. Vielleicht meint da einer oder der andere von euch, er wüßte wohl auch ungefähr, wie so eine Sache anzupacken wäre, etwa, weil er einmal eine Wiese trockengelegt oder einen Acker geebnet hat. Aber Äcker und Wiesen sind doch wenigstens vorhanden, und damals war nichts vorhanden, darin liegt die Schwierigkeit.

Zuerst begann der Herr natürlich das Wasser abzuleiten und in der Tiefe anzusammeln, wo es weiter nicht mehr schaden konnte. Und zugleich gab er auch dem Land, das trocken herausstieg, einen gefälligen Umriß. Auch das müßt ihr recht betrachten. Ihr hättet die Erdteile vielleicht viereckig gemacht oder sternförmig, es wäre gewiß eine ordentliche, eine übersichtliche Welt geworden. Gottvater aber machte sie schön.

An manchen Orten formte er die Ufer steil und schroff und ließ die Wasser gewaltig dagegen branden, anderswo verlief das Gestade sanft und flach. Und wiederum schnitt er Buchten ins Land hinein und lagerte Inseln davor, damit das Wasser innerhalb ruhig bliebe und daß es ein lieblicher Anblick wäre. Überhaupt kostete dieser Tag der Schöpfung am meisten Schweiß. Gottvater geriet in Eifer, immer wieder fiel ihm etwas Neues ein, und vor allem die Berge machten ihm Freude. Er schuf sie groß und klein, sanft gebuckelt und scharf gespitzt in allen Spielarten, und dann mußten die Engel ihre Flügelkleider schürzen und die Berge dahin und dorthin versetzen. Es wurde ihnen sauer genug, denn daß der Glaube allein dazu ausreicht, ist nur eine Redensart. Und wenn bei dieser Arbeit dann und wann einem Erzengel ein Stein aus der Krone fiel, so wißt ihr es zu deuten, warum wir zuweilen Amethyste und Saphire und den kostbaren Smaragd im Geröll unserer Berge finden. Der Herr ließ den Engeln keine Nachlässigkeit hingehen, er achtete streng darauf, daß alle Gipfel richtig auf ihrer Breitseite standen und daß die Täler dazwischen geräumig wurden, nicht zu schattig und zu steil, und daß auch jedes sein Flüßchen hatte, – was wäre unser Dorf ohne den Bach, den Gottvater damals entspringen ließ.

Als der Tag zu Ende ging, war der Herr selber rechtschaffen müde geworden. Er hieß die Engel aufräumen und allen Schutt und Abfall und was an Bergen übrig geblieben war, an einer entlegenen Stelle ins Meer schütten. Sie stechen dort noch heute als Inseln aus dem Wasser. Dann erst machte Gott Feierabend und besah sein Werk und war zufrieden mit sich und der Welt. Freilich, am andern Tag gefiel sie ihm schon weniger gut, so geht es jedem, der gar zu eifrig hinter einer Arbeit her ist. Nicht, daß dem Herrn etwas sichtlich mißraten wäre, es kam ihm nur alles so kahl und leer vor, weil es ja noch nichts Lebendiges und Bewegtes auf dem ganzen Erdenrund gab, außer Wasser und Wind. Gottvater fing zu grübeln an. Im Nachdenken nahm er eine Prise Staub vom Boden auf und blies sie wieder von der

Hand, wie wir es wohl auch tun, wenn uns etwas Schwieriges durch den Kopf geht. Aber Staub bleibt Staub, soviel unsereins auch dagegen blasen mag, während Gottes Atem die toten Sandkörner so erweckte, daß sie niederfielen und sich wie Samen aus der Erde begrünten.

Sicher waren es nicht gleich Nelken oder Rosmarin, die zuerst Wuchsen, sondern ganz schlichte Kräuter, Bärlapp vielleicht, oder überhaupt nur Gras. Aber Gottvater sah doch gleich, wo das hinauswollte, und er half dem Bärlapp und den Gräsern auf die Sprünge, daß sie sich ausbreiteten und vielfältig verwandelten. Etliche wagten etwas und trieben Blüten hervor, immer schönere und buntere, als sie merkten, daß es Gott gefiel. Und als alle Farben des Regenbogens vergeben waren, umhüllten sich manche obendrein mit Wohlgeruch, um die Schwestern im Wettstreit zu überbieten. Eine war darunter, so anmutig von Gestalt, so köstlich duftend, daß sie meinte, die Königin der Blumen zu sein, und darum wuchs sie hoch über alle andern hinaus. Da bog aber der Herr ihre Ranken zur Erde zurück und heftete sie mit Dornen nieder, und die Rose schämte sich ihres Hochmutes und errötete ein wenig.

Andern erlaubte der Herr doch auch wieder, sich höher zu erheben, wenn sie nur nicht gleich in den Himmel wüchsen. Und Eichen und Buchen schmückten die Täler mit der Fülle ihres glänzenden Laubes, oder sie trugen ihre schlanken Wipfel mit edlem Ernst, wie die Tannen in den Wäldern unserer Berge. An diesem Tage war Gott sehr heiter gestimmt, als er die Bäume und Sträucher und Blumen erschuf. Er bedachte auch, daß nun eine gute Ordnung in den Lauf der Zeit käme. Den Tagen gab er ihre wechselnde Länge, jedes Jahr teilte er in vier Zeiten, damit alles wohl gediehe. Und wenn ihr zuweilen meint, es sollte nicht so heiß auf eure Saaten brennen, oder weniger lang in euer Heu regnen, so könnt ihr eben Gottes große Weisheit nicht an euren kleinen Sorgen messen. Ihr dürft überhaupt nie klagen, daß der Herr euch etwas verdürbe, weil ihr doch nicht einmal genug Grütze im Kopf habt, das vernünftig unter euch zu teilen, was er euch ungebeten schenkt.

Nun wirkte der Herr schon den vierten Tag, und wenn er alles überblickte, so durfte er wahrhaftig sagen, daß es gut sei, was er gemacht hatte. Die Engel wenigstens meinten, schöner könnten sie sich die Welt gar nicht mehr vorstellen, halleluja Gottvater aber, wie alle Väter, konnte sich nicht genug daran tun, die Seinen in Erstaunen zu setzen. Er dachte bei sich, es sei gewiß großartig, daß nun lebendiges Leben überall auf der Erde keimte und blühte und Samen warf. Wie aber erst, wenn es Geschöpfe gäbe, die nicht an ihrem Ort hafteten, sondern frei umherliefen oder flögen oder schwämmen?

Seht, einer von euch, wenn ihm je ein so köstlicher Einfall in den Sinn gekommen wäre, jeder von uns hätte den Blumen Flügel und den Bäumen Beine wachsen lassen und hätte gemeint, was Wunder ihm damit gelungen sei. Gott der Herr aber behalf sich anders, Gott erfand die Tiere.

Auch nicht gleich einen Adler oder einen Löwen; der Herr mußte sich selber erst in dieser neuen Kunst versuchen. Manches Tierchen mißriet ihm ganz und wurde nichts als ein Scheusal, der Ohrwurm zum Beispiel. Andere entsprangen seiner Hand auf Nimmerwiedersehen, ehe er ihnen noch etwas Rechtes beibringen konnte, wie etwa der Floh, der darum auch gar nichts Liebenswertes an sich hat. Wieder bei etlichen vergriff er sich in der Größe, die spieen gleich Gift und Feuer aus ihren Drachenmäulern und Gott mußte sie schnell wieder vertilgen, ehe sie allzuviel Unheil anrichteten.

Aber dazwischen glückte ihm doch vieles und immer mehr von guter Art, denkt nur an das liebe Vieh auf euren Weiden und an die Bienen, die uns Honig eintragen, oder an die Vögel, die zu unserer Freude singen, und an viel anderes Getier, das uns nicht weiter von Nutzen ist und das wir doch nicht missen möchten, solang das Leben währt, die Schmetterlinge und das drollige Volk der Käfer.

So ging der sechste Tag zu Ende und Gott dachte, daß er sich nun einen Feiertag verdient hätte. Damit die Welt aber nicht ohne Aufsicht blieb, während er in seinem Himmelshause saß und in sich selber ruhte, wie er es früher getan hatte, beschloß er noch am Abend, sich einen Gehilfen zu schaffen, einen Gärtner gleichsam, einen Verwalter.

Glaubt nur nicht, daß er dazu etwas Besonderes nötig hatte. Gott nahm das Nächstbeste, einen Kloß Lehm, wie es die Schrift anstandshalber nennt. Daraus also bildete Gottvater einen Menschenleib. Er machte ihn stattlich an Haupt und Gliedern und ein wenig sich selber ähnlich, denn es sollten ja alle Ge-

schöpfe den Herrn in ihm erkennen. Gott klopfte mit dem Finger auf die Brust des Menschen, da fing sein Herz zu schlagen an. Gott hauchte ihm auf den Mund, da atmete der Mensch und begann zu leben.

Denkt euch, dieser erste Mensch, da saß er nun im Grase und schlug die Augen auf, sah den weißgewölkten Himmel zum ersten Mal, sah das Grün der Erde, und er fragte, was wir alle fragen, wenn uns zuweilen dieses große Erstaunen wieder überkommt. Wer bin ich? fragte der Mensch.

Du bist Adam, sagte Gott.

Und er hieß ihn aufstehen, damit er alles betrachten und seine Glieder gebrauchen lerne. Es war ein freundliches Tal an dem Ort, zwischen sanften Hügeln, mit einem Wasser darin und von Bäumen beschattet. Adam ging an Gottes Hand den Fluß entlang, noch ein wenig taumelig und benommen. Aber schon plagte ihn das Gelüst, da und dort von den Früchten im Gezweig zu kosten. Es wollte dem lieben Gott nicht sonderlich gefallen, daß Adam so seiner Neugier nachgab und daß er obendrein gleich das Gesicht verzog, wenn etwa die Pflaumen ein bißchen zu sauer waren. Und um dem Fürwitz beizeiten einen Riegel vorzuschieben, zeigte er Adam einen Baum inmitten des Tales und gebot ihm ernstlich, keinen von den Äpfeln anzurühren, die daran hingen. Denn sowie er von einem äße, sei er verflucht, immer nach Erkenntnis zu dürsten und nach Wahrheit zu hungern, und er werde keins von beiden gewinnen, sondern elend sterben müssen.

Nun, Adam hörte gehorsam zu, aber es rührte ihn nicht sonderlich an, was sollte ihm auch an etlichen Äpfeln liegen. Gottvater war gleich wieder gütig und freundlich gestimmt, er trug seinem Gärtner auf, über den Sonntag nachzudenken, wie die Geschöpfe der Erde heißen sollten. Sie waren ja noch alle unbenannt und ein Fuchs von einem Hasen nicht zu unterscheiden.

So lagerte sich also Adam im schattigen Grund des Tales, und die Tiere zogen herbei, eins von jeder Gattung. Das blinde Gewürm kam aus der Erde und die winzigen Mücken aus der Luft, und selbst die Fische hoben ihre Köpfe übers Wasser und rissen Maul und Augen auf, damit sie nur ja nicht überhörten, wie sie von nun an heißen sollten. Adam aber nannte sie gar nicht mit gelehrten lateinischen Namen, sondern wie es ihm gerade einfiel. Er sagte: du Roß! oder du Schaf! und das Schaf sagte bäh! und war zufrieden mit seinem Namen.

Natürlich reichte ein Tag für dieses Geschäft bei weitem nicht hin, denn Adam hatte nicht nur das Getier zu unterscheiden, auch die Bäume und Kräuter, und das nahm kein Ende. Es ist ja noch heutzutage da und dort in der Welt ein Adam unterwegs und hat nicht Ruhe, bis er irgendwo ein Hähnchen findet, das noch immer nicht weiß, wie es heißt.

Freilich, so viel Schweiß brauchte der erste Adam bei seiner Arbeit nicht zu vergießen. Er lebte überhaupt dermaßen glücklich, daß es mancher von euch, dem sein Dasein sauer fällt, nicht wird begreifen können, wenn er hört, auch Adam sei unzufrieden gewesen. Ihr sollt ihn aber deswegen nicht tadeln, sondern an die Stunden denken, in denen es euch selber so erging. Mag einer gleich ein König oder bloß ein Kohlbrenner sein, zuzeiten wird er seinen Thron oder seinen Meiler verlassen und wird einem Drang in der Brust folgen und doch nicht sagen können, was ihn drängt.

Adam wurde schwermütiger von Tag zu Tag, ruhelos lief er das Paradies auf und ab, oder er saß auf den Hügeln und starrte trübselig vor sich hin, bis ihn Gott doch einmal anrief und fragte: Adam, was fehlt dir?

Ich weiß es nicht, Vater, sagte Adam traurig. Ich bin so allein. Da wunderte sich Gott Vater, daß jemand über das Alleinsein klagen konnte, er war es doch eine Ewigkeit gewesen. Höre, fragte er wieder, habe ich nicht so viele Tiere für dich erschaffen? Geh und suche dir einen Gefährten unter ihnen!

Adam tat so und nahm zuerst ein Kätzchen zu sich. Das schnurrte ihm zwar zärtlich um die Beine und ließ sich das weiche Fell krauen, aber es währte nicht lange, da verließ es ihn plötzlich wieder. Das Kätzchen saß bei einem Kater im Gebüsch und sang mit ihm und mochte nichts mehr von Adam wissen. Das kränkte ihn freilich sehr, dennoch versuchte er es ein anderes Mal und nahm sich das Pferd zum Freund. Damit fuhr er schon besser. Das Roß ließ ihn auf seinen Rücken steigen und er hatte einen starken und mutigen Genossen an ihm, aber auch nicht lang. Eines Tags wieherte eine Stute am anderen Ufer, da warf der Hengst seinen Herrn in den Sand und schwamm hinüber, und Adam war wieder allein. Betrübt von so viel Treulosigkeit rief er zuletzt den Hund zu sich. Der Hund wurde nun, wirklich sein bester Gespan, denn er liebte Adam mit der ganzen Kraft seines Gemütes. Freilich fand er keine Antwort auf die dunkle Rätselfrage in Adams Brust, und von Zeit zu Zeit verschwand auch er. Aber jedesmal kam er bald wieder, und dann versuchte er tausend Künste, um den Herrn aufzuheitern, und wenn Adam traurig war, saß er bei ihm und trauerte auch. Auf den Hügeln saßen sie nachts nebeneinander und seufzten und heulten zum Mond hinauf.

Gottvater hörte es und erbarmte sich endlich des Mannes Adam. Während er schlief, öffnete ihm der Herr die Seite und nahm ihm das vom Herzen, wonach er sich so sehnte. Auch eine Rippe nahm er dazu, damit das Unsagbare Gestalt würde, der andere Mensch, das Weib.

Nun stellt euch vor, wie es Adam zumut war, als er aufwachte und eine Frau neben sich liegen hatte! Malt euch selber aus, ihr Mädchen, wie selig auch Eva sein mußte, weil sie, kaum erschaffen, gleich einen Mann bekam, und weil sie obendrein die schönste von allen Frauen war. Es gab ja noch keine andere, die hätte schöner sein können.

Kein Wunder also, daß sich Adam sofort in das Mädchen vergaffte. Damals wurde alles Tiefsinnig erfunden und zum ersten Male ausgesprochen, was sich Liebesleute zu sagen haben, die Frage: Liebst du mich? und die Antwort: Ewig!

Adam führte seine Eva im Paradies umher und zeigte ihr alles und prahlte nicht wenig mit seinen Kenntnissen, so als hätte er es selber gemacht, nicht bloß den Namen dazu gegeben. Eva hörte es an und lernte willig, wenngleich in ihrer Art. Zeigte Adam auf eine Blume und erklärte, daß sie Akelei heiße und so und so beschaffen sei, dann sagte Eva: schöne Akelei! und brach sie vom Stengel und steckte sie hinters Ohr. Oder auch, Adam ließ sie ans Ufer treten, damit sie die Fische bewundern konnte, die bunten Forellen und Barsche, und er kam die längste Zeit nicht dahinter, daß Eva keinem Barsch zulächelte, sondern ihrem eigenen Bild auf dem Wasser. Aber er grollte ihr deswegen nicht. Es gefiel ihm ja selber, was er sah, und die beiden würden sich in Ewigkeit nie gezankt haben, hätte nicht Evas Neugier schließlich doch den gewissen Baum in dem Tal entdeckt.

Was für schöne Früchte! rief sie entzückt und griff in das Laub.

Laß die Äpfel! sagte Adam streng.

So! War nun das die große Liebe, von der er immer sprach? Vorhin noch beteuerte Adam, er wolle ihr alles zu Füßen legen, was es Kostbares im Paradiese gab, und nun wurde er gleich grob, weil sie nach einem lächerlichen Apfel griff?

Adam redete der Frau im guten zu, es sei nun einmal verboten, sagte er, von diesen Äpfeln zu essen; Gott mochte wissen, warum. Dafür gebe es ja andere Früchte genug.

Allein, was half's! Was lag Eva jetzt an Birnen und Trauben, sie schielte doch immerfort nach dem Apfelbaum zurück. Und nach Mittag, während Adam arglos im Schatten ruhte, schlich sie noch einmal hin, um nachzuschauen, ob nicht vielleicht doch ein Apfel heruntergefallen war.

Da fand Eva aber eine Schlange auf dem tiefsten Ast des Baumes liegen.

Was tust du denn da oben? fragte Eva.

Ich esse Äpfel, sagte die Schlange.

Um Gottes willen, rief Eva erschrocken, laß das bleiben! Sonst mußt du elend sterben.

Ach, zischte die Schlange abfällig zurück, hat man dir das auch eingeredet? Nun, darüber konnte sie wirklich nur den Kopf schütteln, über so viel Leichtgläubigkeit. Wußte denn Eva noch immer nicht, was doch längst jedermann wußte? Daß es der Baum der ewigen Jugend war, den Gott aus lauter Eigennutz seinen Geschöpfen vorenthielt, weil er ihn für sich allein haben wollte?

Ißt denn er selbst von den Äpfeln? fragte Eva.

Versteht sich! Wie sonst wäre der alte Herr so lange rüstig und munter geblieben!

Ja, so ging es zu, so verloren wir das Paradies. Aber scheltet auch ihr deswegen eure Mutter nicht, ihr späten Töchter der Neugier! Es bisse heute noch jede von euch in den sauersten Apfel, wenn ihr ewige Jugend dafür verheißen würde. Und so mancher Adam legte sich schon einmal zur Unzeit aufs Ohr und schlief in sein Unglück hinein.

Genug, Eva brach den Apfel und aß davon. Er schien ihr köstlich zu schmecken, süßer als jede andere Frucht, keine Rede davon, daß ihr im geringsten übel wurde. Sie lief und suchte Adam, damit er auch von dem Apfel koste und seiner Rechthaberei überwiesen würde. Und Adam, noch schlaftrunken und ahnungslos, schluckte auch richtig den Bissen, ehe er begriff, was ihm die Frau in den Mund gesteckt hatte.

Ach, da stand nun Adam, und Eva fand es über die Maßen lustig, daß er so lang an dem Brocken würgen mußte. Plötzlich aber wurden ihre Augen groß und größer, sie schrie laut auf und schlug die Hände vors Gesicht. Adam sah umher und suchte, was denn nun Furchtbares ankäme. Er schaute auch an sich selber hinunter, und da gingen ihm die Augen auf und er begriff, warum sich Eva so entsetzt hatte.

Was tätet denn ihr, wenn ihr mit einem Mal merktet, daß ihr euch splitternackt gegenübersteht? Ihr tätet wie Adam und Eva und spränget hinter die nächsten Büsche und wäret froh, wenn ihr gleich ein Feigenblatt für das Nötigste zur Hand hättet.

Indessen war es Abend geworden und Gottvater erfrischte

sich ein wenig im Kühlen. Gedankenverloren und nur so im Vorbeigehen zählte er auch die Äpfel auf dem Lebensbaum, und richtig, da fehlte einer. Gottvater hatte das natürlich schon vorher gewußt, es war ihm nur nicht gleich wieder eingefallen.

Sofort nahm er die Schlange ins Verhör. Hast du mir den Apfel gestohlen? fragte er.

Nein, sagte der unverschämte Wurm. Du weißt doch, Herr, daß Schlangen keine Äpfel fressen.

Und das mußte Gottvater zugeben, er hatte es ja selber so eingerichtet. Weil er aber der Sache auf den Grund gehen wollte, sah er sich nach seinem Gärtner um. Adam, rief er, wo bist du?

Hier, antwortete Adam nach einer Weile kleinlaut aus dem Busch.

Komm her! sagte Gottvater. Aber das wollte Adam nicht, er konnte doch unmöglich ohne Hosen vor den Herrn treten.

Da holte aber Gott den Sünder selber heraus, an den Ohren wahrscheinlich, obwohl nichts davon geschrieben steht. Und Adam mußte auf der Stelle bekennen, daß er von der verbotenen Frucht gegessen hatte. Freilich redete er sich zuerst auf Eva aus, weil er dachte, ihr verziehe Gott vielleicht eher, und Eva wieder schob die Schuld der Schlange zu. Allein es half wenig, der Herr war nicht mehr zu versöhnen. Und er sprach nicht milde wie ein Vater zu den beiden, sondern mit starker Stimme wie ein zürnender Gott.

Weil du von dem Baum des Lebens gegessen hast, sagte er zum Weibe, soll dein Schoß immer wieder Leben hervorbringen, wie dein Mann und Herr es will; aber unter Schmerzen sollst du es gebären.

Und zu Adam sprach er: Ungetreuer, aus der Erde sollst du dich nähren müssen, bis du selber wieder zu Erde wirst. Aber

Disteln und Dornen sollen dir mit dem Brot aufwachsen dein Leben lang!

Und auch die Schlange verfluchte Gott, weil sie das Unheil angestiftet hatte. Von Stund an kroch der Wurm im Staube, gehaßt und verfolgt von allen Geschöpfen.

Zuletzt trieb Gottvater das Menschenpaar für immer aus seinem Garten. Schon viel, daß er jedem noch einen warmen Kittel schenkte, damit sie wenigstens nicht nackt in die Wildnis laufen mußten.

Und deshalb, Leute, pflügt ihr eure steinigen Äcker und düngt die Furchen mit Schweiß und lebt ein mühseliges Leben um eurer Kinder willen. Ihr hungert nach Erkenntnis und dürstet nach Wahrheit, Hunger und Durst treiben auch vor Gottes Tor, aber dort steht der Engel mit dem hauenden Schwert.

Und nichts kann euch trösten außer: die Liebe.

Der Roßheilige

Die Legende erzählt, der heilige Leonhard sei zu seinen Lebzeiten ein vielvermögender Mann gewesen, hoch angesehen am Hof des Königs der Franken und selbst von fürstlichem Blut. Das kann so sein. Es wird auch überliefert, daß der junge Ritter mit den Jahren sein wüstes Herrenleben satt bekam, das Saufen und Raufen und Bauernschinden. Daß er also zuletzt in die Wälder floh, um alles Irdische von sich abzutun und ein gottseliger Einsiedler zu werden, was ihm freilich auch nicht vollkommen gelang. Denn ein wahrer und geborener Herr wird seine Sporen so schwer los wie ein armer Teufel die Holzschuhe. Leonhard mußte wider Willen ein Kloster gründen und Abt werden, und als er starb, war er ein mächtiger Mann Gottes und weit berühmt.

So ist uns die Geschichte Leonhards von den Alten überkommen. Aber ich selbst kenne den Heiligen noch anders. In meiner Knabenzeit war er jahrelang unser nächster Nachbar, er wohnte eigentlich ganz mitten unter uns, gleich neben dem Roßstall in einer gemauerten Nische. Der fromme Stifter hatte seinerzeit vielleicht vorgehabt, eine richtige Kapelle zu bauen, als er den Heiligen hier unter der Schirmfichte ansiedelte, ein geräumiges Häuschen mit einem Dachstuhl und farbigen Fenstern an der Seite. Aber wahrscheinlich wurde ihm die Sache dann doch zu weitläufig. Wer baute auch gleich eine Kathedrale zum Dank für einen kurierten Gaul? Richtig überlegt, genügte es, wenn nur der Heilige selbst unter Dach kam. Die Gläubigen mochten ebenso gut unterm freien Himmel bleiben, sie waren ohnehin nicht ins Gelübde genommen worden.

Und so stand denn Leonhard im rötlichen Dämmerlicht seiner halben Kapelle, stand in sich versunken Jahr und Tag auf dem Sockel und ließ sich nichts anmerken, daß ihm etwas an diesem wunderlichen Gehäuse verdroß. Er hatte freilich auch viel Kurzweil und einen freundlichen Ausblick über den besonnten Anger hin, auf dem wir Kinder unser Wesen trieben. Hinterwärts wölbte sich die Halde zu einem sanften Hügel auf, ein paar krumme Birken standen oben, etliche Büsche Sauerdorn und Wacholder. Gegen den Bach zu aber lag der große Zimmerplatz. Dort arbeitete der Vater mit den anderen Gesellen den langen Sommer hindurch und ging mit dem breiten Beil Schritt für Schritt die Kanthölzer auf und ab.

Der Vater litt es gern, wenn wir ihm bei seinem bedächtigen Tagwerk um die Beine krochen und da unser Spielzeug zusammensuchten, Späne und Klötzchen. Manchmal langte er auch selber zu und formte uns ein Wickelkind aus einem Bohrzapfen oder ein Schiffchen aus Rinde, er konnte die wunderbarsten Dinge mit ein paar geschickten Griffen seiner langsamen Hände machen.

Wir Kinder waren immer zu dritt, ein ganz winziger Knirps namens Anton, Sohn des Wegmachers, der nichts weiter zu bedeuten hatte, dann die Mesnertochter Marianne, schlau und mager und herrschsüchtig, und endlich ich selbst mit meinem ängstlichen Drang zum Abenteuer. Aber bei allem, was wir unternahmen, war auch der Heilige mit im Spiel. Nicht, daß er sich geradezu beteiligte und etwa plötzlich herausgelaufen kam oder dazwischen schrie, wenn wir drüben auf dem Hügel einander in den Haaren lagen, nein. Er sah nur aufmerksam zu, ein wenig vornübergebeugt, das Kinn in den Bart gedrückt, friedfertig und dennoch ein bißchen unheimlich. Ich erinnere mich heute noch gut des Gefühls von Beklommenheit und Scheu , das mich immer ankam, wenn ich im Vorbeistreifen unversehens seinem Blick begegnete.

Marianne freilich war weniger ängstlich, die ging ohne jedes Bedenken bei Leonhard ein und aus, und das aus Erfahrenheit, nicht aus bloßem Unverstand wie der kleine Anton. Sie hatte ja an der Hand der Mutter täglich mit Dingen zu tun, die noch um vieles heiliger waren als ein gewöhnlicher Nothelfer. Marianne putzte die Meßgeräte in der Sakristei blank und lief am Morgen vor der Messe mit dem Staubtuch rund um den Hochaltar, was andere Menschen nur mit vielem Kniebeugen hätten wagen dürfen. Und was vollends unsern Leonhard betraf, der wie jeder andere Straßenheilige in Wind und Wetter seinen Dienst tun mußte, – ihn kannte Marianne von der allermenschlichsten Seite. In jedem Frühjahr nämlich, zur Osterzeit kam die Mesnerin mit einem Kübel Wasser vom Dorf herauf, um den Heiligen zu baden. Und so sehr er sich mit stummer Würde und erhobenen Armen dagegen verwahren mochte, sie hob ihn ohne Umstände vom Sockel, legte ihn auf den Rücken und rieb mit Bürste und Seife die Spinnweben aus den Falten seines Abtgewandes. Marianne aber stand dabei und hielt ihn am Kopfe fest, damit er nicht ins Rollen kam. Das geschah am hellen Tag und vor aller Augen, und wenn auch der Heilige nachher wieder würdevoll in der Nische stand, mir schien es doch, als sei er ein wenig blässer von Farbe, ein bißchen vergrämt.

Nein, ich konnte nicht so ohne alle Ehrfurcht mit Leonhard umgehen wie das Mädchen, ich wußte ja auch mehr als sie von seiner geheimen Macht. Einmal war ich Zeuge eines unbegreiflichen Wunders, das der Nothelfer wirkte. Nur benahm ich mich leider sehr unwürdig dabei, und das mag auch der Grund sein, warum ich später nie wieder eines erlebte.

Damals geschah es nämlich, daß der Gaul des Nachbars plötzlich auf der Streu lag, mit einem gräßlich aufgetriebenen Bauch, von schaumigem Schweiß bedeckt und offensichtlich am Verenden. In der letzten Not nahm mich der alte Roßknecht beiseite und drückte mir ein Geldstück in die Hand. – Lauf zum Krämer!

sagte er. Ich sollte eilends eine gute Kerze kaufen und sie vor dem heiligen Leonhard in der Nische anzünden.

So rannte ich denn davon. Aber der Teufel, der gern in Pferdeställen nistet, der Versucher lief mit mir und blies mir unterwegs einen schändlichen Gedanken ein.

Mußte es eigentlich unbedingt eine Kerze sein? dachte ich. War nicht anzunehmen, daß dem Heiligen ein Stück Lebkuchen noch wohlgefälliger in die Nase duftete als ein Wachslicht? Und obendrein ging Lebkuchen nicht unnütz in Rauch und Gestank auf, sondern man konnte ihn später einmal, wenn sich Leonhard längst daran sattgeweidet hatte, vielleicht gegen einen Rosenkranz eintauschen oder gegen einen Armvoll Blumen.

Gut also, ich erstand wirklich ein großes Lebkuchenherz statt der Kerze und war guten Willens, es für das kranke Roß aufzuopfern. Aber der Weg zog sich immerhin lang genug, daß mich der Teufel noch einmal anfechten konnte. Ich trug das Herz sauber eingewickelt unter dem Arm, und im Laufen drückte ich ein bißchen dagegen, denn der Heilige, dachte ich, würde es doch wohl als ein Mißgeschick gelten lassen, wenn etwa ein Endchen abbrach und mir zufiel. Indes ich auf halbem Wege einmal nachsah und das Weihgeschenk leider noch wohlgerundet fand, kam mir auch schon in den Sinn, es möchte dem Heiligen vielleicht überhaupt nichts ausmachen, ob er nun ein Herz oder ein Viereck bekam. Gleich fing ich an, rund herum zu nagen, zuerst ins Quadrat, das fiel uneben aus, dann auf ein Dreieck, das machte sich nicht gut, und endlich im Kreis. Der aber war wiederum so schwierig zu treffen, daß der Kuchen schließlich nicht mehr viel über einen Taler groß blieb, als ich vor der Kapelle ankam und ihn dem Heiligen zu Füßen legte.

Sankt Leonhard aber sah streng und wissend auf die kümmerliche Scheibe nieder. Ach, ich merkte sogleich, daß er alles durchschaute! In Herzensangst und Reue gestand ich meine Untat und stammelte meinen ganzen Vorrat an Gebeten her. Ich bot dem Gottesmann alle meine Spargroschen zur Sühne an und beschwor ihn flehentlich, er möchte doch mich selbst mit dem gräßlichen Bauchgrimmen züchtigen, aber den armen Gaul nicht meine Sünde entgelten lassen, – nein, es war vergeblich. Nichts konnte den Zürnenden rühren, nicht das kleinste Lächeln der Verzeihung kräuselte sich um seinen stummen Mund. Er starrte nur und starrte auf den angekauten Lebkuchen herab. Völlig gebrochen und der schrecklichsten Strafen in Zeit und Ewigkeit gewärtig, wankte ich endlich davon. Aber seht nur, so ist Leonhard, der gute, der große Heilige, der Patron aller reumütigen Spitzbuben! Als ich wieder zu den Nachbarsleuten geschlichen kam, um mit ihnen den toten Rappen zu beweinen, da lag der gar nicht steif und verreckt im Stroh, sondern stand munter auf allen vieren und fraß schon Hafer aus dem Trog. Alle hatten mitangesehen, wie der Teufel gleichsam mit Blitz und Schwefel aus ihm entwichen war, und das zweifellos in dem Augenblick, als ich die Kerze in der Kapelle anzündete. Nun, ich schwieg. Ich hatte nichts dagegen, daß der alte Roßknecht den heiligen Leonhard in alle Himmel pries, in Wirklichkeit war das Wunder ja noch viel größer gewesen, als er ahnen konnte. Denn der Heilige hatte ohne Lohn geholfen, aus reiner Gutmütigkeit.

Leonhard verzieh mir vollkommen, er sah gleichsam über mich weg, wenn ich in der nächsten Zeit bei ihm vorüberschlich. Eine Weile wartete ich noch auf das Bauchgrimmen, das ich ihm zur Sühne angeboten hatte; aber selbst darauf verzichtete er, und so ist mein Frevel bis zum heutigen Tag ungestraft geblieben. Oh, ich hatte meine Gründe, anders über Sankt Leonhard zu denken als die naseweise Marianne. Für mich war seine reglose Gestalt wunderträchtig, von geheimnisvollem Leben erfüllt. Es verschlug gar nichts, wenn er wirklich nur aus totem Holz geschnitzt war, wie das Mädchen behauptete. Konnte totes Holz schmunzeln oder scharf in die Tiefe schauen wie er? Leonhard trug eine schwere, drei Ellen lange Eisenkette auf der vorgestreckten Hand. Wer konnte sagen, ob es ihm nicht insgeheim unsagbare Mühe machte, sie immerfort so ruhig zu halten? Ob er den Arm nicht doch zuzeiten sinken ließ, nachts, wenn niemand um die Wege war? Vielleicht zog er manchmal auch den einen Schuh zurück und vertrat sich die Füße ein wenig, oder er stieg überhaupt herunter, um sich für eine Weile in sein rotverglastes Fensterchen zu lehnen. Ich wäre ums Leben nicht im Dunkeln an der Nische vorbeigegangen, aus Angst, ihn einmal so zu überraschen.

Marianne wiederum hatte ihre heimliche Lust daran, unziemliche Händel zwischen mir und dem Heiligen zu stiften. Grausam, wie auch ganz kleine Mädchen mitunter schon sind, befahl sie mir manchmal plötzlich beim Spiel, zur Kapelle zu gehen und die eisernen Kühe auszuleihen. Leonhard hatte nämlich eine Menge Hausrat um sich her angesammelt, er war auf seine Art wohlhabend. Da hingen an der Wand unzählige Hufeisen in Reihen und Figuren geordnet, manche mit Namen und Jahrtag, gedrehte Halsringe dazwischen und lange Ketten, deren eine dreimal unter dem Dachstuhl hin und her lief. Das letzte Glied war in Kreuzform auseinander getrieben, »Sankt Leonhard, gib Fried!« stand darauf eingegraben. Es ging die Sage, eine junge Bäuerin hätte sich in Kindsnöten verlobt, für jedes Jahr, das ihr noch geschenkt würde, ein Kettenglied zu stiften. Und der Heilige machte sich auch wirklich den Spaß und verhalf der Frau zu einem biblischen Alter. An die siebzig Glieder konnte man zählen, was Wunder, daß sie es schließlich satt bekam!

Um die Füße des Heiligen aber wimmelte es von vielerlei sonderbarem Getier, alles mit grober Hand aus Eisen geschmiedet. Pferdchen gab es da, ungeschlachte Rösser auf steifen Beinen, manche mit einem Reiter auf dem Rücken, der wie eine zweischwänzige Rübe aussah. Plattgehämmerte Kröten, von den Wöchnerinnen gestiftet, und vor allem Kühe. Diese hatte der Schmied besonders schön gemacht, mit eingesetztem Euter und langen, spitzen Hörnern. Diese Kühe taugten freilich viel besser für unsere Rindenställe auf dem Hügel als gewöhnliche Fichtenzapfen und Holzklötze.

Wollte ich mich nun nicht geradezu widersetzen, was schwer möglich war, weil Marianne dann sogleich mit verächtlich aufgeworfener Nase zu den Nachbarbuben lief – mußte ich also den Raub wagen, so versah ich mich immer zunächst mit einer Handvoll Blumen. Die hielt ich dann dem Heiligen vor die Augen, damit er es nicht gleich merkte, wenn ich ihm unterhalb seine Kühe wegnahm. Konnte man wissen, ob es ihm nicht einfiel, einmal schnell den Fuß darauf zu setzen?

Aber das tat er nie. Er war überhaupt unendlich geduldig und ganz gewiß ein seelenguter Mann. Ich weiß nicht, warum ich damals nur mit einem Herzen voll Bangigkeit vor ihn treten konnte. Es mochte an der rätselvollen Gewalt seines Blickes liegen; er traf mich und ging zugleich ins Ferne, wenn ich barbeiniger Zwerg zu seinen Füßen stand, und er beugte das Haupt über mich, ein Riese an Fülle und Wucht des Leibes. Der Schnitzer hatte ihm ein seltsames Gesicht gegeben, nicht das eines Edelmannes, sondern ein Bauerngesicht, jedermanns Angesicht. Es sollte vielleicht sanftmütig ausfallen, wie sich das für einen Heiligen ziemte, aber unter der Hand geriet es dem Meister anders, und nun lebte alles Menschliche darin, im Zug des Mundes, den der Bart umkräuselte, in den Furchen der Stirn, die sich kugelig aus den Schläfen wölbte. So konnte Leonhard, was nur ein Bauer kann: versagen und gewähren, lächeln und zürnen, ohne eine Miene dabei zu verziehen.

Die Leute aber vertrauten ihm und liefen von weither zu, weil sie ihn als ihresgleichen erkannten. Leonhard ist der Patron für die ganz großen Übel des Lebens, der Schuldentilger, der Kettenbrecher. Er hilft bei gefährlicher Krankheit, wenn sonst nirgends mehr Rat zu holen ist, und vor allem schützt er die dienenden Tiere, die schuldlos leidenden. Auch das Un-

geborene im Mutterleib hat ihm Gott anvertraut. Andere Heilige sind für diese oder jene Bedrängnis nützlich – sie wenden Feuersnot ab, sie schlichten Streit, sie helfen Verlorenes wiederfinden; es ist ja gut, daß man sie hat. Aber an Leonhard wendet sich der Mensch, wenn ihn etwas Jenseitiges antritt, das dunkle Schicksal selber.

Der Roßknecht Martin hat mir dann und wann aus dem Leben des Heiligen erzählt. Gewöhnlich war der Alte verschlossen und hielt sich knapp mit der Rede, aber seit mich Leonhard so wunderbar erhörte, zog er mich manchmal ins Gespräch, während er im Stall seine gemächliche Arbeit tat.

»Hierzulande«, sagte er wohl, »in dieser Gegend kennt man den Leonhard wenig, kaum, daß ihm das Nötigste geschieht.

Aber dort, wo ich daheim bin, im Vorland draußen, dort ist er der erste in der Litanei, die ganze Kirche hört ihm zu! An seinem Jahrtag reiten ihm die Mannsleute von den Höfen die Gäule vor, damit er sieht, wie sein Segen angeschlagen hat, und damit er sie fürs andere Jahr in Obhut nimmt. Da legt sich ein Knecht ins Zeug, verstehst du, mit Striegeln und Putzen die ganze Woche vorher, er hat auch Hafer zur Seite geschafft, damit der Braune ein wenig Feuer ins Blut bekommt und nicht an seinem Ehrentag den Kopf hängen läßt. Und zum Feierabend steht der Gaul blankgeputzt im Stand, mit einem Hintern, so glatt, daß sich die Dirn darin spiegeln kann, wenn sie jetzt das Bänderzeug in den Stall bringt. In der Frühe nach dem Tränken werden nämlich Seidenbänder in Schweif und Mähne geflochten, und zum Schluß tut der Knecht ein übriges und bindet ein paar Büsche Blumen auf den Halfter und die Kruppe. Denn er ist ja noch ein junger Kerl, er hat noch Anwartschaft auf allerlei Nelkenstöcke und Geranien in der Umgebung.«

Gut soweit, der Knecht führt also den Gaul heraus, und der Bauer sitzt auf. Man läßt den Braunen ein bißchen tanzen und steigen, hinten auf dem Anger, wo es niemand sieht, wenn der Reiter fürs erste noch einen argen Buckel macht. Dann krachen auch schon die Böller, man rückt auf den Dorfplatz und sucht sich einen Platz im Zug, wo es einem nach dem Herkommen zusteht.

»So etwas«, sagte der alte Knecht, »so etwas Prächtiges kannst du dir gar nicht ausmalen. Die Musik schlägt ein und bläst mit einer solchen Gewalt, daß der Braune immerfort den Kopf schütteln muß. Alle Vereine sind da mit ihren Fahnen, Fahnen haben auch die Häuser ausgesteckt, und dann die Blumen überall, und die Gäule selbst, natürlich, mit den glänzenden Beschlägen, und die Reiter in gestärkten Hemden, blütenweiß, und mit Bändern auf dem Hut. Und voran der Pfarrer mit dem Allerheiligsten unterm Himmel, mit zwei Leviten links und rechts, alle im Meßgewand, und hintendrein acht weiße Jungfrauen, die ihm antworten, wenn er nach dem Umgang den Leonhardisegen spricht. Ja, das war ein Fest«, sagte der Knecht, »das sind glorreiche Tage in der Jugend gewesen, die vergißt man sein Lebtag nicht mehr.«

Aber Sankt Leonhard verdient es auch, daß man ihm Ehre antut, schon wenn man sein Leben und Wirken betrachtet. »Du mußt nicht meinen«, erklärte mir der alte Martin, »daß ein Heiliger nun einfach seinen Schein um den Kopf hat und ohne Anfechtung leben kann. Leonhard zum Beispiel verkroch sich tief in den Wald hinein und war keinem Menschen zur Last. Aber denkst du, daß er dort seinen Frieden hatte?

Nein, da lebte nämlich sein Halbbruder in der Stadt, der war Koch beim König, oder Roßknecht. Ich weiß nicht, soff er oder stahl er, jedenfalls kamen sie ihm dahinter, und der König ließ ihn in der ersten Wut an eine Kette schmieden, die war so schwer und so lang, daß man sie oben an die Windfahne hängen mußte, wenn der Mann tief unten in dem Turm hockte.

Nun konnte Leonhard aber seinen Bruder nicht im Elend sitzen lassen, sondern als er davon erfuhr, rückte er aus dem Wald heraus, haarig und lausig wie er war, und hinein in das Schloß zum König.

»Höre«, sagte er, »ich bin doch der heilige Leonhard, und du hängst mir meinen Bruder an die Kette, das geht nicht! Du bringst mich ja ins Gerede«, sagte er.

Das sah der König dann auch ein, und weil er sich's mit einem Heiligen nicht verderben wollte, ließ er den Burschen wieder laufen.

Leonhard nahm ihn mit sich in den Wald, um ihm das Luderleben auszutreiben durch Arbeit und magere Kost. Aber siehst du, die Sache sprach sich doch herum. Jedermann konnte ja die leere Kette im Turm hängen sehen. Und sooft nun ein Galgenvogel irgendwo in der Gegend gefangen wurde, gleich kam die ganze Verwandtschaft zu Leonhard in den Wald gerannt und lag ihm so lang in den Ohren, bis er sich doch wieder erbarmte. Mit der Zeit übte er sich natürlich und seine Wunderkraft nahm derart zu, daß er schon gar nicht mehr aus dem Wald zu laufen brauchte, er wirkte auch in der Ferne durch die große Macht seines Gebetes.

Auf diese Weise fand sich allmählich ein Haufen Leute um den Heiligen zusammen. Manche darunter waren wirklich bußfertig und meinten es ehrlich mit ihrer Bekehrung, aber andere dachten: »einer, der Spitzbuben in einem finsteren Wald sammelt, könnte leicht ganz andere Dinge im Sinn haben als ein gottseliges Leben.«

»Oho«, sagte der Roßknecht, »da kamen sie aber an den Unrechten, bilde dir nur nichts ein! In der Frühe heraus, mein Lieber, und Bäume umreißen und Steine schleppen den ganzen Tag, und abends wieder nur Wurzelsuppe und nachher Predigt und Litanei; dabei wurden die Tagediebe alle zahm und weich wie Wachs.«

Holz und Steine brauchte der Heilige, weil er eine Kirche bauen wollte, ein Kloster für seine ganze Jüngerschaft. Es war ja auf die Dauer unwürdig und der Seele nicht heilsam, daß sie alle nachts noch immer wie das Wildbret unter die Sträucher kriechen mußten.

Tagaus, tagein lief Leonhard auf dem Bauplatz hin und her, mit seinen Fingern im Bart. Er dachte nach und rechnete und maß, und die Mauern schossen wunderbar in die Höhe, weit über den Wald hinaus. Es währte gar nicht lang, da war alles richtig unter Dach; die fromme Bruderschaft hatte selber ihre Freude daran. Jeder lag in seiner sauberen Zelle auf dem Strohsack, gar nicht zu reden von der Kirche. Die war auf das prächtigste ausgestattet, versteht sich, mit silbernen Leuchtern und gewirkten Teppichen und allem, was dazu gehört. Der Heilige in seiner Unschuld dachte sich nichts weiter dabei. Es fiel ihm nicht ein, daß unter den Brüdern eben mancher war, der sich noch immer gut auf sein altes Handwerk verstand, wenn auch nunmehr zur Ehre des Herrn. Nur eine Glocke fehlte noch, und auch die würde Gott bei Gelegenheit schicken, meinte der harmlose Leonhard. Aber sie fehlte wohl nur, weil so ein Ding mächtig schwer war und nicht so leicht im Kuttenärmel zu verstecken.

Ja, schon recht. Allein, der böse Feind ging um und wollte keinen Frieden, der Ohrenbläser. Er drang bis zum König und flüsterte ihm allerlei zu. Ob er denn gar nicht merkte, was drüben im Walde vorginge? Daß man ihm dort eine feste Burg vor die Nase setzte und Kriegsleute sammelte? Und daß es ihm wahrscheinlich an Thron und Leben gehen solle?

»Was Teufel!« sagte der König, stieg zuoberst auf sein Schloß und sah wirklich Dach und Turm über den Wald emporragen. Das ging den König hart an. Kein Verlaß auf die Leute, dachte er, nicht einmal auf einen Heiligen! Und dann ließ er Sturm blasen.

Zur gleichen Zeit aber ritt die Frau Königin mit ihrem Schimmel aus. Sie war hochschwanger und wollte noch einmal Luft schöpfen, ehe ihre Stunde kam.

Nun weiß man nicht genau, wie es geschah, ging ihr der Schimmel durch oder hatte sie ihre Sinne nicht mehr ganz beisammen, jedenfalls verirrte sie sich im Walde und wußte nicht aus und ein. Als sie die Brüder endlich fanden, lag sie auf dem Moos und schrie schon in den ersten Wehen.

Das war nun eine heillose Sache, wie sich denken läßt. Die Brüder standen herum und kratzten sich die Stoppelbärte; schließlich meinte einer, man müsse die hohe Frau zu Leonhard in die Zelle tragen. Aber das half auch nicht viel, sie klagte laut und jämmerlich, daß sie stürbe, wenn man ihr keine Hebamme brächte. Und dergleichen gab es weit herum nicht. Es war zufällig auch kein Bader zur Hand, obwohl sonst selten einer fehlt, wo sich ein paar Gaudiebe zusammenfinden.

»Und der Heilige selbst wußte auch keinen Rat«, erzählte der alte Knecht. »Natürlich«, meinte er, »auf eine Roßkur verstand sich Leonhard, aber bei einer Königin, wie sage ich gleich – ach, du begreifst es doch nicht.«

Zuletzt warf sich der Heilige wieder einmal in die Knie und bat den Herrn und die Jungfrau um eine glückliche Geburt für die Königin. Es war ja bisher nicht sein Amt gewesen, kreißenden Frauen zu helfen, aber Gott erhörte ihn doch sogleich und schenkte ihm auch noch diese Gabe dazu. Je lauter der Heilige schrie, um so stiller wurde es in der Kammer, und plötzlich ging die Tür auf, und die Frau Königin trat heraus, heil und gesund, mit ihrem neugeborenen Knaben an der Brust.

Inzwischen hörte man draußen Hörner blasen; da rückte der König mit seiner ganzen Kriegsmacht durch den Wald heran. Er hatte alle seine Reiter mitgenommen, und die Landsknechte, und seine Kanoniere dazu, die lösten auch gleich ein Geschütz, so daß die Kugel krachend in das Klosterdach schlug. Die Brüder bekamen es mit der Angst zu tun, sie meinten nichts anderes, als daß sie nun doch alle an den Galgen müßten, und der und jener hatte etwas zu bekennen, was dem Heiligen neu war.

Aber er gebot ihnen fürs erste Schweigen. Leonhard öffnete das Tor und führte die Königin an der Hand hinaus, und nun war der König an der Reihe, ein albernes Gesicht zu machen, eine Miene, wie sie alle Väter aufsetzen, wenn man ihnen den Erstgeborenen in den Arm legt.

Er war vor lauter Freude zu jeder Dummheit aufgelegt, und als König brauchte er auch dabei nicht zu sparen. Stehenden Fußes wollte er dem heiligen Leonhard ein ganzes Bistum schenken, den Wald, soweit er reichte, und Höfe und Weiler und selbstverständlich auch Fischwasser genug; unsereinem läuft das Wasser dabei zusammen.

Aber siehst du, dem Heiligen machte es gar nichts aus, der lächelte nur. »Soviel ich auf einem blinden und lahmen Gaul umreiten kann«, sagte er, »ohne Zügel und an einem Tag, so viel will ich nehmen.«

Die Brüder schüttelten betrübt den Kopf, als sie den Vater auf die Schindmähre hoben, Gottvater selber schüttelte vielleicht das Haupt und beschloß, sich da ins Mittel zu legen. Es ist ja schön, dem Herrn in der Armut zu dienen, aber er braucht auch Leute, die ihm das Zeitliche verwalten. Und als Leonhard nun im Sattel saß, streckte sich der Gaul unter ihm, wieherte und griff aus wie ein Jährling. An dem Tag trabte er noch so weit, daß es für ein kleines Fürstentum gereicht hätte. Ja, es half nichts, Leonhard wurde doch noch Herr einer großen Abtei.

Aber die Armen vergaß er deswegen nie. Gefangene zu lösen und Kranke zu retten, Gebärende zu stärken und Rösser zu kurieren, das blieb seine Freude bis ins hohe Alter hinein, bis auf den heutigen Tag, seit er im Heiligenhimmel sitzt.

»Zähle nur einmal die Hufeisen drüben in der Kapelle«, sagte mir der Roßknecht, »dann kannst du ermessen, was für ein Segen Leonhard nur für meinen Stand ist, und nebenbei noch das Rindvieh und unsere eigene Anfälligkeit!

Ja, es muß wahr sein. Leonhard, eiserner Heiliger, später im Leben kam ich noch oft ins Gedränge und hätte Not genug gehabt, dich anzurufen, du schweigsamer und rätselvoller Freund meiner Kindheit! Aber da war ich deinem Blick entrückt, da hatte ich dich vergessen, da war ich längst sehr klug geworden und meinte, wissen sei besser als glauben.

Nun, so treibt man es eben eine Weile. Aber ich könnte mir denken: Wenn ich dereinst alt würde, und ich fände die Nische noch unter der Schirmfichte neben dem Roßstall, vielleicht stiftete ich dann auch ein Kreuz aus Eisen und grübe meine letzte Bitte hinein: Sankt Leonhard, gib Frieden!

Die Legende mit den Worten

Es hat Gott in jedes Herz ein gewisses Wort gelegt, das für diesen bestimmten Menschen gut und heilsam und erlösend wäre, wenn er es in der rechten Stunde brauchte, aber nur für diesen. Und nun soll der Mensch sein Wort im Leben finden, damit es dereinst in die Waage fiele, wenn er gerichtet wird ... Aber der Mensch geht unwissend in der Welt umher mit seinem Wort im Herzen. Er ist irgendeiner, vielleicht nur ein Viehtreiher oder auch ein angesehener Mann, das macht nichts aus, und was er zur rechten Zeit sagen müßte, ist auch ganz einfach: »Laß es gut sein« etwa, oder: »Verzeihe mir«. So lebt er jedenfalls und nimmt seine Jahre hin, allein dabei zeigt sich bald, daß er sein Wort nicht sagen kann, dieser gesprächige Mann, es ist ihm unmöglich.

Einmal in seiner Jugend liebt er ein Mädchen, es mag Hanna heißen. Er spricht mit ihr beim Kirchgang und führt sie zum Tanz, weil ihre Augen so brennen und weil sie so schwer auf seiner Schulter liegt. Der Mann hat tausend schöne Worte für das Mädchen, »immer« sagt er und »ewig« und »laß den Riegel offen«, – unzählbar viele schöne Worte, aber das eine ist nicht darunter.

Dann hat er also endlich seinen Willen und auch das Unglück kommt früh genug. Aber der Mann ist schon wieder weit fort um diese Zeit. Nun müßte er eigentlich umkehren, das Mädchen wartet ja auf ihn in seiner Schande. Und er tut es auch wirklich,

kommt zurück und bleibt eine Weile und würgt an dem Wort. Vielleicht liebt er die Frau schon gar nicht mehr so sehr. Oder doch, er liebt sie. Steht an der Tür, wendet sein Herz um und um, kann nicht, nein, kann das Wort nicht finden, er geht wieder.

Der Mann läuft nun weiter in der Welt umher, so ein kluger Kopf, er hat die Worte schockweise auf der Zunge. Wir sind alle kluge Köpfe, sogar das Pulver haben wir erfunden, aber das schreckt den Teufel nicht. Der Mann hat Freunde und verliert sie nach und nach. Er hat andere Frauen, auch sie verlassen ihn, und zuletzt ist der Mann ganz einsam, sein Bart wird lang und grau, so einsam ist er.

Eines Tages aber trifft ihn ein Brief unterwegs, trifft ihn wie ein Pfeil in die Kehle. Es stehen nur ein paar dürftige Worte auf dem verwischten Blatt, – »hättest du«, steht da, »nur ein einziges Mal«. Und jetzt weiß also der Mann plötzlich sein Wort, es brennt ihm auf der Lippe, er rennt um sein Leben, um das Leben seiner Seele. Kniet hin und gräbt den frischen Hügel auf, schreit es hundertmal, sein »Verzeihe mir!«

Nichts, es ist zu spät.

Das ist also die Sache mit den Worten. Der Mann muß von neuem unterwegs sein mit seiner Last, niemand mehr nimmt sie ihm ab. Er wird alt, immerfort geht er zwischen den Menschen hin und her, sieht die Angst in den Augen, die Verstocktheit auch, den Übermut. Rette dich! sagt er dem fremden Menschen. Aber der fremde Mensch lacht nur dazu, das hilft ihm nicht, so ein »Verzeihe mir«, das ist nicht sein Wort. Das lag für ihn bereit, für den einsamen Mann, er fand es nur nicht. Und nun ist es verloren, verloren in Ewigkeit ...

Der Blumenheilige

Der Legende nach war Sankt Valentin, der Blumenheilige, zu seinen Lebzeiten ein armer Mönch, er hauste ganz allein in einer verfallenen Hütte, nicht weit von der berühmten Stadt Rom und allen ihren Reichtümern. Valentin selber besaß freilich nichts außer einer groben Kutte, und wenn ihm gelegentlich ein Vorübergehender etwas zuwarf, altes Brot oder eine Käserinde, dann war das schon viel. Aber das Getier aus den Wäldern kehrte gern bei ihm ein, die Eichhörnchen brachten ihm Nüsse, die Vögel Samen von Blumen und Kräutern, und der Fuchs mitunter sogar ein Ei, der Heilige verzehrte es ohne Argwohn. Es war ihm unbekannt, daß die Füchse Eier nicht legen, sondern stehlen.

Einmal aber kamen Kriegsleute vorbei, grobe Burschen, die weit mehr Eisen am Leibe als Grütze im Kopf hatten, und weil ihnen Valentin statt einem Krug Wein nur eine Handvoll Blumen anbot, hielten sie das für einen Spott. Sie zogen die Schwerter und erschlugen ihn. Als nun Sankt Valentin der Märtyrer in der Ewigkeit eintraf, war an der Himmelstür noch nichts von diesem Vorfall bekannt. Petrus suchte in der Allerheiligenliste auf und ab und fand nirgends einen schicklichen Platz für ihn. Weil aber dieser geschundene Mensch noch immer seinen Blumenstrauß in der Faust vor sich hertrug, behielt er ihn fürs erste bei sich. Er ließ ihn vor der Himmelstür den Boden umgraben und die welken Blütenstengel in die Erde stecken, ein gläubiges Gemüt wird es nicht wundern, zu hören, daß sie dort gleich Wurzeln schlugen. Von nun an brauchte keine arme Seele ungeschmückt durch das Tor zu treten, einer jeden schob Sankt Valentin Blüten zwischen die Finger, so köstlich duftend, daß sogar die Erzengel herbeischwebten, um daran zu riechen.

So wurde der arme Mönch doch noch ein ruhmvoller Heiliger, und kein Liebender, der darum weiß, wird versäumen, an seinem Jahrtag mitten im kalten Februar das geliebte Herz mit einem Blumenstrauß zu erfreuen.

Mein Tisch

Mein Tisch war das erste Stück Hausrat, das ich erwarb, als ich mich in jungen Jahren entschlossen hatte, seßhaft und ein gesitteter Mensch zu werden. Von nun an, dachte ich, muß mein Dasein eine feste Mitte haben, eben diesen Tisch. Du wirst mit Anstand daran sitzen, um dein Brot zu essen, und wenn du nichts zu kauen hast, kannst du wenigstens die Ellbogen darauf stützen und deine Sorgen überdenken. Haus und Hof wirst du ja doch nie gewinnen, aber dieses kleine Geviert ist so gut wie ein Stück Land. Du wirst deine Gedanken hinein säen, und der Himmel wird sie verderben oder reifen lassen, wie sonst die Saat auf einem Acker. Es werden nur geringe Gedanken sein, das soll dich wenig kümmern. Großen Geistern ziemt es zwar, sich in große Ideen zu kleiden, aber schließlich leben auch sie wie unsereins vom täglichen Brot der kleinen Einfälle. Und was immer du tust, das Rechte wie das Schlechte, es geht seine eigenen Wege.

So war es dann auch, und so ist es geblieben. Freilich, wenn ich mich an meinen Tisch setzte, mußte ich ihn zuerst mit einem passend gefalteten Brief ins Gleichgewicht bringen, weil jeden Tag ein anderes von seinen vier Beinen ein wenig kürzer ist. Unten, in der Fußleiste, hat er einen Wurm sitzen, der streut seit Jahr und Tag kleine Häufchen von gelbem Holzmehl auf den Boden, unermüdlich, es muß ein Geschäft für die Ewigkeit sein, einen Tisch aufzuzehren. Auch die Platte ist nicht mehr ganz eben, unzählige Mägde haben runde Astknoten aus dem beinharten Holz gescheuert, und das ärgert mich manchmal bei der Arbeit, ich kann nicht wie der liebe Gott über Berg und Tal schreiben. Irgendwann eimnal muß wohl ein verliebter Mensch an meinem Tisch gesessen haben, der schnitzte ein A und ein M hinein, und ein Herz dazu, aber nur ein halbes. Vielleicht war das Messer zuwenig scharf oder die Liebe nicht groß genug.

Wunderlich, daß ich mich von jeher nur unter altem Gerümpel wohl gefühlt habe. Woran mag das liegen? Grob gesagt, ich lebe überhaupt weit lieber mit Dingen als mit Menschen. Jedes ist ein Wunder für mich, denn jedes ist nur reine Gestalt, weiter nichts. Der Sinn seines Daseins ist, ganz einfach da zu sein. Freilich kann auch ein Ding sozusagen in Sünden fallen, aber daran ist immer nur der Zweck schuld, den wir ihm aufbürden. Das ist es ja auch, was unser eigenes Tun verdirbt, denn schuldlos kann nur das Zwecklose sein. Der Mensch allein ist fähig, sein wahres Wesen zu verbergen, und er ist ja auch das einzige Geschöpf, das es nötig hat. Es wäre unmöglich, zu leben, wenn es möglich wäre, daß einen jemand wirklich kennt. Ich gebe zu, das alles mag nur gleichnisweise richtig sein, ohne tieferen Zusammenhang. Aber wenn eines gar nichts mit dem anderen zu tun hat, dann ist mir das immer doppelt verdächtig.

Verdächtig auch, daß mein Herz so sehr an alten Dingen hängt. Liegt es daran, daß jedes von diesen Dingen nur einmal in der Welt vorhanden ist? Meinem Tisch zu begegnen war ein Glücksfall, unwahrscheinlich wie der, daß man unter tausend Leuten einen Menschen findet. Ich meine auch zu wissen, wie der Mann beschaffen war, der vor langen Jahren zu einem Meister ging und sagte: »Du sollst mir einen Tisch machen. Mach ihn so breit, daß ich eben noch hinüberlangen und meine Hand auf eine andere legen kann. Das Maß für die Höhe nimm von mir; wenn ich schon nicht immer aufrecht stehen darf, an meinem Tisch will ich aufrecht sitzen. Die Beine kannst du ein wenig abdrehen, des Ansehens halber, aber mach eine Trittleiste unten herum, damit es kein Gescharre auf dem Boden gibt, das haben die Weiber nicht gern. Ja, und unter die Platte zimmerst du mir eine Lade für das Brot und das Messer.«

Der Meister machte es dann so, er tat noch sein übriges und strich das Gestell und den Kranz mit guter Farbe, und auf das Stirnbrett der Lade malte er ein heiliges Zeichen, den Namen dessen, der das Brot gibt. Inzwischen sind freilich seine Malerkünste unter dem Putzlappen der Frauenzimmer dahingegangen. Die werden ja sogar Gottes Thron bis auf das Holz blank reiben, wenn sie dereinst alle im Himmel sind.

Einmal hatte ich einen Freund zu Gast, dem gefiel mein Tisch so sehr, daß er beschloß, ihn nachmachen zu lassen. Er habe zwanzig Häuser in einer Reihe gebaut, sagte er, das erste haargenau wie das letzte, so daß die Inwohner das ihre nur wiederfinden konnten, solang sie ganz nüchtern waren. Also müßte es doch seltsam zugehen, wenn es nicht gelänge, dieses grobschlächtige Möbelstück ein zweites Mal in die Welt zu setzen. Einen Abend lang krochen wir unter dem Tisch herum und maßen und zirkelten und zeichneten alles getreu auf das Reißbrett. Aber nach Wochen, als der neue Tisch aus der Werkstatt kam, stand der Freund davor und schüttelte den Kopf. Was denn, wir krochen abermals unter den Tisch, um zu messen und zu zirkeln. Kein Zweifel, alles haargenau und richtig. Auch das Herz hatte der Meister hineingeschnitten, sogar ein ganzes, der Ordnung halber. Es war wirklich der gleiche Tisch, nur eben bei weitem nicht derselbe. Nun, wir setzten uns dann doch wieder an den alten. Ich holte zum Trost eine Flasche aus dem Keller, weißen Wein, köstlich im Glas, und schwarzes Brot und Nüsse. Wir schwiegen gesprächig, und alles war gut.

Mein Engel

Mein Engel wanderte geraume Zeit durch alle Stuben des Hauses, er nistete in der Werkstatt für eine Weile, sogar in der Dachkammer, bis er sich endlich für einen Haken über meinem Büchergestell entschied. Dort hängt er seither, hängt nicht, sondern schwebt als ein heiterer Geist über der papiernen Flut, und wenn ich schlechte Laune habe, brauche ich nur seitlich an den Tisch zu treten, dann schaue ich in sein vergnügtes Bubengesicht und bin gleich selber wieder vergnügt. Der Größe nach hielte man ihn für dreijährig, aber kundige Leute meinen, zweihundert Jahre seien das mindeste für sein Alter. Das ist natürlich nur eine gelehrte Ketzerei; recht betrachtet, läßt sich ein Engelsleben überhaupt nicht abschätzen. Wie er jetzt aussieht, könnte er zur Gilde der Schutzengel gehört haben. Vielleicht war er sogar mein eigener, ehe wir uns leiblich zusammenfanden, und dann hätte ich es ihm zu danken, daß ich in zwei Kriegen mitlaufen durfte, ohne jemanden umzubringen. Er selber ist freilich weniger gut davongekommen, einarmig und flügellahm und nur noch mit einem Fetzen für das Nötigste bekleidet.

Dieser mein heruntergekommener Engel hat aber doch eine Freundin hier im Dorf, ein zierliches kleines Mädchen, Therese mit Namen. Sie ist die Tochter des Wachtmeisters. Manchmal klopft sie an mein Fenster und bringt Blumen für den Engel. Sie setzt sich mit Anstand hin und schaut argwöhnisch zu, wie ich nach einem passenden Topf suche und ihr ganzes wirres Grünzeug ins Wasser stecke. Zufrieden ist sie erst, wenn ich auch noch die Kritik der reinen Vernunft in zwei Bänden vom Bücherbrett räume und den Strauß in die Lücke stelle, ihrem Freund zu Füßen.

Mich mag Therese nicht besonders gut leiden, ich fürchte, sie verdächtigt mich heimlich, daß ich den Engel selber eingefangen und dabei so jämmerlich zugerichtet habe. Es ist mir durchaus nicht einerlei, was Therese über mich denkt. Bei Erwachsenen ist es anders, was einer von mir hält, daran erkenne ich ihn. Aber vor Kindern werde ich leicht ängstlich und unsicher, sie kennen die Regeln unseres Lügenspiels noch nicht, und ihre Einfalt lüftet unbesorgt jeden Schleier und jede Maske. Was aber bin ich ohne Maske? Für die menschenfreundliche Kunst des Täuschens braucht man Erfahrung, weiter nichts, nicht einmal ein gutes Gedächtnis, denn eine Lüge, die man sich merken müßte, wäre eine schlechte Lüge. Bei Therese liegt die Schwierigkeit darin, daß sie nichts von dem glaubt, was ich meinen übrigen Besuchern ohne Umstände zumuten darf. Ein Gespräch mit ihr ist immer ein Verhör; das hat sie wohl von ihrem Vater. Deshalb muß ich jedesmal meine ganze Findigkeit zusammennehmen, um so zu lügen, daß alles wahr ist, was ich sage und was mir aus diesem Grund wiederum sonst niemand glauben würde. Eine verwickelte Sache, weiß Gott, besonders, wenn ich antworten muß, während mir etwas ganz anderes durch den Kopf geht. Therese will wissen, ob jeder Mensch einen Schutzengel hat. »Gewiß, mein Kind«, sage ich zerstreut, »jeder hat einen.«

»Immer?«

»Ja, immer.«

»Auch der Scherenschleifer?«

Das muß nun überlegt werden, nicht, weil ich dem Schleifer etwa keinen Schutzgeist gönne, sondern weil ich nicht weiß, wo mein Gast hinauswill. »Höre, Therese, es steht geschrieben, daß der Himmel gähnt, wenn neunundneunzig Gerechte kommen, und daß er jubelt, wenn sich einmal ein Sünder einfindet. Wir verstehen das nicht, obwohl es uns freut, und es gehört auch nicht hierher, also laß den Schleifer!«

»War sein Engel auch dabei«, fragt Therese kühläugig, »als er den Opferstock in der Kirche ausraubte?«

»Ich glaube nicht, nein. Vielleicht war der Engel müde, das versteht man doch. Den ganzen Tag unterwegs, und oft mußte er auch noch an dem schweren Karren mitschieben, damit der Schleifer nicht in einem fort fluche. Und da steht doch ein Weidenbaum vor der Kirche, alle Engel sitzen so gern in einem Weidenbaum, am liebsten ganz weit draußen auf den dünnsten Ästen. Da wollte der Engel eben auch einmal ein wenig schaukeln, er war ja noch klein, viel zu klein für so einen groben Kerl, und er dachte auch, wenn der Schleifer ohnehin in die Kirche ging, dann brauchte er ihn solange nicht.«

Therese nickt ergriffen. »Aber ... «

»Was, aber?«

»Dann sitzt er ja jetzt!«

»Wer sitzt?«

»Der Schutzengel. Weil sie doch den Schleifer eingesperrt haben.«

»Wieso denn«, sage ich und kann eben noch den Teufel mit dem Kuckuck vertauschen, »wieso denn, zum Kuckuck?« Ich muß jetzt ein Geheimnis verraten, Therese gelobt mir in die Hand, es niemandem zu sagen, und sie tut es auch nicht, sie ist keine solche Plaudertasche wie ich. Nach dieser argen Geschichte mit dem Opferstock durfte der Engel natürlich nicht mehr Schutzengel bleiben, er hätte in den Himmel zurückkommen müssen. Vielleicht würde ihm der liebe Gott auch alles verziehen haben, er weiß doch, wie hinterlistig die Leute sind. Aber da waren ja auch die anderen Engel alle, die hätten sogleich die Köpfe zusammengesteckt. Er hat nicht achtgegeben, hätten sie geflüstert, im Weidenbaum hat er gesessen, nein, so etwas! Und da ist der Schleiferengel aus lauter Scham und Angst einfach davongelaufen.

»Geflogen«, sagt Therese.

»Meinetwegen, geflogen«, sage ich, »jedenfalls, er verschwand.« Therese schweigt. Sie kaut an ihrer Oberlippe, wie der Wachtmeister an seinem Schnurrbart kaut, wenn er etwas verdächtig findet. »Und wo ist er jetzt?«

Da spiele ich meinen besten Trumpf aus. »Hier ist er«, sage ich an ihrem Ohr, »hier an der Wand!«

Therese kaut nicht mehr, ihr Mäulchen steht weit offen.

»Ach«, sagt sie, »ist er beim Fenster hereingekommen?«

»Nein«, erkläre ich. »Das war ganz anders, laß mich nachdenken. Einmal ging ich in die Stadt in ein Geschäft, ich kaufe gern alte Sachen, Therese, weil sie mir so leid tun, wenn sie niemand mehr haben will. Der Laden war ganz dunkel, es roch nach staubigen Schuhen und nach Ratten, und ganz hinten, im finstersten Winkel, da fand ich ihn, da lag er in einem zerbrochenen Schaff, glaubst du es? Ja, aber nun mußte ich sehr schlau sein.

»Hören Sie«, sagte ich zu dem Mann, »ich möchte ganz gern einen Engel haben, einen kleineren.«

»Engel?« sagte er, »Engel führe ich nicht.«

»Aber da liegt doch einer!« sagte ich.

»Wahrhaftig – wie ist der hier hereingekommen?«

Da kaufte ich schnell noch eine Hose dazu, damit ich den Engel einwickeln konnte. – »Was soll er denn kosten?« fragte ich.

»Der kostet nichts« sagte der Händler, »wenn Sie die Hose nehmen.«

So war es, und seither wohnt der Engel bei mir.

»Aber dann mußt du ihn doch verstecken«, meint Therese.

»Schaut denn der liebe Gott nie bei dir herein?«

»Doch«, sage ich, »manchmal. Vielleicht. Aber er ist gut, Kind, er macht oft die Augen zu, wenn er etwas sieht, was er nicht sehen soll.«

»Was denn zum Beispiel?«

»Zum Beispiel die Kirschen, die du gestern von meinem Baum genommen hast – ach, gehst du schon, Therese?«

Mein Stock

Mein Stock hängt an einer Lederschlaufe neben der Tür. Viele Stöcke hängen da, denn ich komme selten einmal von einer Reise zurück, ohne einen tüchtigen Stecken mitzubringen, den ich mir irgendwo unterwegs geschnitten habe. Es weht mich warm und würzig an, wenn ich einen wieder in die Hand nehme. – Tessin! denke ich. Eicheln regnet es um mich her wie in den alten Wäldern an der Aller, oder es faucht mir ein feuchter Wind entgegen, und das muß an westlichen Küsten gewesen sein; dieser Stock ist aus dem Sanddorn geschnitzt. Die meisten meiner Prügel büße ich ja bald wieder ein, sie sind zu handlich für allerlei Geschäfte im Haus, um damit in verstopften Rohren herumzustochern, und manchmal werfe ich auch selber einen hinter den Buben her, wenn sie im Garten den Vogelnestern nachtrachten.

Die Stocksucht ist erblich in meiner Familie. Der Stecken meiner Großmutter war lang wie ein Besenstiel, sie schwang sich damit beidhändig über Gräben und Zäune, aber ich will nicht übertreiben. Meine Leute sind alle Wandersleute gewesen, und auch das Bild des Vaters kann ich mir nicht gegenwärtig machen ohne den braunen Weichselstock in seiner Linken. Obendrein war er ein Meister in der Kunst, dieses knotige Ding zu handhaben, es grenzte an Hexerei, was der sonst eher schwerfällige Mann mit seinem stummen Gefährten anstellte. Nicht nur, daß er im Schwung die kunstreichsten Figuren in die Luft zeichnete, er drehte ihn auch zwischen zwei Fingern wie ein wirbelndes Speichenrad, oder er stieß den Stock so auf ein hartes Pflaster, daß er ganz allein noch ein Stückchen vor ihm her hüpfte. An

Sonntagen, wenn er seine Familie schön angetan auf die Promenade führen mußte, schalt ihn die Mutter oft aus. Er sollte doch den Stock über den Arm hängen, meinte sie, wie sonst ein ansehnlicher Mann. Das tat er denn auch willig, aber wenn sich die Mutter zufrieden an seine Seite gesellte, hatte er ihn doch plötzlich wieder auf der Fingerspitze stehen, er konnte es nicht lassen.

Der Stock, von dem ich eigentlich reden wollte, der mit der Lederschlaufe, kam auf seltsame Weise in meinen Besitz, es ist keine rühmliche Geschichte.

Einmal im Winter, an einem stürmischen Abend, klopfte es noch an der Tür. In solchen Zeiten lasse ich gern das Licht vor dem Haus brennen, damit mir die Nacht nicht zu nah an die Fenster kommt. Nun ging ich also verdrossen, um nach diesem späten Gast zu sehen. Der Wind riß mir gleich die Klinke aus der Hand, Treibschnee fegte in den Flur, ein verteufeltes Wetter. Draußen stand ein alter Mann auf den Stufen, ich kannte ihn. Er kam oft vorüber, klopfte und hielt mir die Hand entgegen. Nie sagte er ein Wort des Grußes oder des Dankes, er sah mich nur an mit seinen wässerigen Trinkeraugen, und ich gab ihm, was mir eben einfiel, ein Endchen Wurst oder etliche Groschen aus der Hosentasche. Über der Schulter trug er einen Stock und daran hing ein Sack, aber was mich jetzt ärgerte, war sein kahler Kopf, es lag ihm wahrhaftig schon Schnee auf dem Schädel. Da nahm ich meine wollene Haube vom Haken, ein wenig schwankte der Alte, als ich ihm die Mütze über die Ohren zog, und dann ging er wortlos davon, wie die leibhaftigen guten Werke.

Das aber war der Augenblick, in dem ich mich hätte besinnen müssen; Ich hätte an die rückwärtige Kammer denken sollen, O ja, ich dachte auch daran. Dort stand ein leeres Bett bereit, Tisch und Stuhl für einen Gast, und es war warm und behaglich in dieser Stube. Es gab auch noch Suppe in der Küche, oder ein Butterbrot, und eine halbe Flasche Bier auf dem Fensterbrett.

Aber zugleich dachte ich an mein sauberes Haus, und daß dieser Kerl hereintappen würde, naß und dreckig und weithin nach Branntwein stinkend. Wie er seine Fetzen auf den gewachsten Boden fallen ließe und unter das frische Leintuch kröche, mitsamt seinem Grind und seinen Läusen. Und da schlug ich die Tür zu und ließ das ganze Unbehagen draußen, Sturm und Kälte und alles miteinander.

Zwei Tage später kam der Totengräber und zeigte mir einen Stock, eine großartige Arbeit, aus Nußbaumholz geschnitzt. Den Knauf bildete ein bärtiger Kopf, und auch aus den Astknoten sahen lauter Gesichter, alle mit offenen Mündern, als schrien sie aus dem Holz.

Ob ich das Ding etwa kaufen wolle? fragte der Mann. Er habe nun doch diesen Alten eingraben müssen, diesen Josef, eine Schinderei in dem gefrorenen Boden, und nichts dafür zu lösen. Gut, ich nahm den Stecken für ein anständiges Geld.

»Mach ihm auch ein Kreuz auf das Grab«, sagte ich. »Wann ist er denn gestorben?«

»Gestorben eigentlich nicht«, sagte der Totengräber, »erfroren.« Ich muß noch etwas hinzufügen, nur für mich, es soll niemanden beschweren: Das Böse, das wir tun, wird uns Gott vielleicht verzeihen. Aber unverziehen bleibt das Gute, das wir nicht getan haben.

Joseph Mohr

Vor mehr als hundert Jahren, im Frühwinter zog ein neuer geistlicher Herr in die südseitige Oberstube des Pfarrhauses zu Wagrain. Er kam von weither aus dem Flachland, aus Oberndorf bei Salzburg, und dennoch war er seinen Pfarrkindern nicht ganz fremd. Denn hätte dieser noch jugendliche und lebensfrohe Vikar Mohr sein Amt wo immer angetreten, selbst im entlegensten Bergdorf wäre ihm um die Weihnachtszeit die liebliche Weise des Liedes von der stillen, heiligen Nacht zum Empfang gesungen worden, die er selbst vor vielen Jahren in einer begnadeten Stunde erdacht hatte.

Es ist darüber hinaus nicht viel Ungewöhnliches von diesem Manne zu berichten, heutzutage wird es schon schwierig, den Spuren seines Lebens und Wirkens nachzugehen. Joseph Mohr wurde am 11. Dezember 1792 in Salzburg geboren. Sein Vater war Soldat, Musketier in erzbischöflichen Diensten, seine Mutter Anna war Strickerin. Aber Sold und Taglohn halfen den beiden nicht aus der Armut, und so fanden sie für den Sohn nicht einmal einen ehrlichen Paten. Sie mußten sich zuletzt mit dem Scharfrichter Wohlmuth gegnügen, und der hob also, wunderlich genug, zwischen seinem Tagwerk bei Rad und Galgen auch einmal einen Knaben aus der Taufe, dem es bestimmt war, dereinst einer ganzen Welt die Engelsbotschaft der Versöhnung und des Friedens singen zu lehren.

Die erste Kindheit des kleinen Joseph mag nicht eben glücklich verlaufen sein. Es geschah aber, daß sich ein angesehener Mann, der Domchorvikar Hierle, seiner erbarmte und den aufgeweckten Knaben gewissermaßen an Sohnes statt zu sich nahm. Zunächst besuchte der Siebenjährige die Lateinschule. Er machte seinem Gönner Ehre, schon zwei Jahre später wird sein Name in den Schülerlisten des Gymnasiums unter den Besten genannt. Der eigenen Neigung folgend, wendete sein Ziehvater besondere Sorgfalt daran, die musikalischen Fähigkeiten seines Schützlings auszubilden, und als der alte Vikar starb, war der halbwüchsige Joseph schon tüchtig genug, sich als Geiger und Sopransänger selber das Brot zu verdienen, anfangs im Chor von Sankt Peter zu Salzburg, später, um zugleich das Studium zu beenden, als »Musikus« im Stift Kremsmünster. Alle Lehrer rühmen seinen Fleiß und seine Begabung, nur die Sittennote ist zeitweilig von einem einschränkenden Vermerk begleitet. Wir hören nicht ungern, daß der Jüngling keineswegs ein trockener Streber war, sondern daß er seinen strengen Erziehern manchmal durch »kindlichen Übermut« zu schaffen machte.

Natürlich war Joseph Mohr von Kind auf für den geistlichen Beruf bestimmt. Im Sommer 1815 wurde er zum Priester geweiht, aber seine Laufbahn als Seelsorger begann nicht eben sorglos. Er wurde in den entlegensten und rauhesten Winkel der Salzburger Berge verschlagen, nach Mariapfarr im Lungau. Immer wieder klagt er über dauernde Erkältung und daß seine Stimme sehr litte, bis der Bischof ein Einsehen hatte und ihn nach Oberndorf berief. Hier erst, im freundlichen Vorland, konnte sich sein heiter tätiges Wesen wirklich entfalten, freilich auch nicht immer zur Freude seiner Vorgesetzten. Es ist uns von seinem strengen Pfarrherrn Nöstler ein Bericht an das Konsistorium überkommen, der wahrscheinlich weit weniger freundlich gemeint war, als er uns heute anmutet. »Joseph Mohr«, meldet der Pfarrer, »ist noch recht jugendlich unbefangen. Burschenmäßig geht er mit der langen Tabakspfeife und dem Tabaksbeutel über die Gasse. Er spielt und trinkt und singt oft nicht erbauliche Lieder, überhaupt scheint er seiner Vorliebe für Musik und musikalische Unterhaltung alles aufzuopfern.« Und schließlich wird ihm übel vermerkt, er sei »beim letzten Wasser (Hochwasser) gleich anderen Schifferknechten im Nachen herumgefahren.«

Zu Mohrs Vertrauten zählte auch der Lehrer Franz Xaver Gruber, der im benachbarten Arnsdorf wirkte, aber auch in Oberndorf den Organistendienst versah. Und eben diesem Freundesbunde verdanken wir ja unser und der Welt innigstes Weihnachtslied. Die Geschichte, wie es am Christabend 1818 entstand und in der gleichen Nacht von den beiden Freunden zur Mette gesungen wurde, ist oft erzählt worden. Nur nebenbei und nicht etwa in der Absicht, einen müßigen Streit heraufzubeschwören, sei erwähnt, daß diese Geschichte, so wie sie in Wagrain umläuft, doch in einigem von der hergebrachten abweicht. Es leben hier noch verläßliche Gewährsleute, die von Zeitgenossen Mahrs, zum Beispiel von der alten Röckmutter am Röckwirt in Wagrain, oft erzählen hörten, wie er selbst die Begebenheit darstellte. Demnach hätte er in der Nacht zum 24. Dezember Text und Melodie des Liedes zusammengestellt, hätte die Weise in der Frühe selbst zur Gitarre versucht (er spielte sie vortrefflich) und sei nach der Messe zu Gruber gegangen, um ihm die Melodie, wie er sie ungefähr wünschte, vorzusingen und ihn zu bitten, er möchte sie gleich für zwei Singstimmen und Begleitung einrichten und niederschreiben.

Diese Darstellung mag anfechtbar sein, unwahrscheinlich ist sie nicht. Denn Mohr hat auch später noch einige Stücke für die dörfliche Kirchenmusik komponiert, so ein großes Tantum ergo mit Instrumenten, eine Festmesse und etliche geistliche Lieder, deren sich die ältesten Chorsänger der Wagrainer Pfarre noch recht gut erinnern. Er hat es ja auch als einer der ersten wieder gewagt, deutsche Messen und Kirchenlieder auf dem Chor singen zu lassen, was seit den protestantischen Wirren streng verboten war. Auch die »Prangmusik«, die noch heutzutage bei den großen Umzügen zu Fronleichnam und Mariä Heimsuchung das Allerheiligste festlich begleitet, ist sein Werk. überhaupt muß es der Vikar vortrefflich verstanden haben, den harten und eigensinnigen Bauernköpfen etwas abzugewinnen, brachte er sie doch sogar dazu, daß sie ihm zuliebe in monatelanger Arbeit ein für damalige Begriffe großartiges Schulhaus erbauten. Freilich sparte Mohr auch selber nicht mit dem Seinen, ein anderes Mal schenkte er bare vierzig Gulden, also den Wert einer ganz schweren Kuh, für eine neue Feuerspritze. Und weil das sicher nicht die einzige Gelegenheit war, die Hand aufzutun, hinterließ er zuletzt auch nichts als einen geflickten Talar und etliche »harbene« Hemden, so daß er auf Gemeindekosten begraben werden mußte.

Nur elf Jahre wirkte der gute Mann in Wagrain. Auf einem der stundenweiten Versehgänge erkältete er sich und wenige Tage später, am 4. Dezember 1848, starb er an einer Lungenentzündung. Seine Pfarrkinder haben sehr um ihn getrauert, und noch ihre Enkel schmücken sein schlichtes Grab unter der vierhundertjährigen Linde zur Weihnachtszeit mit einem Lichterbaum.

Die Traumschachtel

Sicher habt ihr alle schon einmal irgendwo den alten Matto gesehen, den Korbflechter. Vielleicht heißt er nicht wirklich Matto nach dem Taufbuch, man nennt ihn nur so, weil er gar keinen richtigen Kopf auf den Schulten hat, sondern eine schwarze Kugel aus Borsten. Haare und Bart, nichts als Borsten, sogar aus den Ohren wachsen sie ihm und aus der Nase. Darum paßt es ganz gut, wenn ihn seine Landsleute einfach Matto rufen. Das bedeutet nämlich Igel in ihrer fremden Sprache oder sonst etwas Stacheliges, wie die Hülsen der Kastanien im Herbst.

Gut, den Matto werdet ihr also gleich wiedererkennen, wenn ihr ihn trefft, den Korbflechter mit seinem Karren. Nun hat er aber noch einen Buben bei sich, der nicht etwa auch Matto genannt wird, sondern Mattino. Natürlich, werdet ihr sagen, er ist ja noch klein und darum eben ein Igelchen. Aber dieser Mattino hat ja gar keine Stacheln auf dem Kopf, seine Haare sind lauter hübsch geringelte Lecken. Darum müßt ihr jetzt wieder nachdenken und herausfinden, daß der Name Matto noch etwas anderes bedeutet, nämlich Narr, und demnach wäre Mattino ein kleiner Narr, ein Närrchen. So, und nun hätten wir endlich alles beisammen: den Korbflechter, die Kastanie und den Igel, den großen Narren Matto und Mattino, den kleinen. Fehlt etwa noch etwas? Natürlich, der Karren! Ach Gott, ist das eine verwickelte Geschichte, man wird ganz wirr im Kopf dabei.

Beinahe hätten wir das Wichtigste vergessen, diesen Karren, und was wäre Matto ohne ihn! Früher einmal besaß der Korb-

flechter sogar einen Esel, der den Karren zog, aber danach dürft ihr ihn nicht fragen. Matto wird nämlich sehr böse, wenn man zuviel wissen will, zum Beispiel, ob denn der kleine Mattino keine Mutter hat. Das wäre ja auch eine dumme Frage. Oder kennt ihr etwa in der ganzen Welt einen Menschen, der so arm wäre, daß er nicht einmal eine Mutter hat? Mattino erinnert sich noch recht gut an seine eigene, sie ist nur schon lange nicht mehr da. Damals konnte er noch gar nicht selber laufen, seine Beine waren viel zu dünn dazu. Aber der Vater stellte ihn einfach in einen tiefen Korb, damit er sich am Rande festhalten konnte, und eines Abends lag die Mutter daneben im Baumschatten still und blaß, und ein sanfter Wind bewegte das hohe Gras. Matto ging immerfort um sein Gefährt herum, immer im Kreis um Karren und Esel, und plötzlich spannte er den aus und führte ihn weg. Es war schon kühl geworden, als der Vater endlich mit einem fremden Menschen wiederkam, aber den Esel hatte er nicht mehr bei sich, nur das leere Zaumzeug hielt er in der Faust. Dieser Fremde war ein feiner Herr, er beugte sich über die Mutter und nahm ihre Hand, und dabei holte er eine goldene Uhr aus der Westentasche. Mattino dachte noch, daß er sie vielleicht der Mutter schenken wollte, aber er sah sie nur an und schüttelte den Kopf und steckte die Uhr wieder ein. Dieser unheimliche Mensch wollte auch keinen Korb kaufen, schließlich mußte ihm der Vater sogar noch Geld geben, damit er wieder ging. Inzwischen wurde es dunkel, Mattino war müde und hungrig, aber er wagte sich nicht zu rühren und rollte sich zum Schlafen zusammen. Der Vater deckte ihn zu und hob ihn samt dem Korb auf den Karren.

Versteht ihr das alles? Mattino verstand es nicht, aber seither ist er eigentlich immer ein bißchen traurig. Denn in jener Nacht während er im Korbe schlief, ist wohl auch die Mutter verschwunden. Der Vater wartete auf sie. Einen Tag um den anderen lief er ins Dorf hinunter, vielleicht suchte er dort nach ihr, aber er hatte kein Glück. Nur ihr rotes Kopftuch brachte er am letzten Tag und ihre großen silbernen Ohrringe, wo mochte er die gefunden haben? Plötzlich hatte es auch Matto eilig, fortzukommen. Er suchte sein Werkzeug zusammen, seine Messer und das Kochgeschirr und etliche Körbe, und als er den Futtersack leerschüttelte, weil es ja auch den Esel nicht mehr gab, der das Heu fressen mochte, da fiel eine rote Schachtel heraus, aus Spanholz und mit Blumen bemalt, wie man sie auf den Märkten bekommt.

»Was ist in der Schachtel?« fragte Mattino. »Weiß nicht,« brummte der Vater, »Träume vielleicht ...«

Er hob den Deckel ab und ließ Mattino hineinschauen, aber die Schachtel war leer, nur ein kleines, sonderbares Wesen lag darin, ein Seepferdchen; die Fischer finden manchmal eines in den Maschen ihrer Netze. Hört zu, es könnte ja sein, daß der liebe Gott die Pferde, als er sie erschuf, eigentlich alle ins Meer setzen wollte, damit sie dort friedlich in den Tangwäldern weideten. Aber dann gefiel ihm wohl selber, was ihm da gelungen war, er dachte, daß es hübsch aussähe, wenn die Pferdchen ein wenig größer wären und flinke Beine hätten, Mähne und Schweif, nicht bloß einen Ringelschwanz wie die Ferkel. Er machte sie so und entließ sie aus seiner Hand und sah ihnen nach, wie sie vergnügt durch die grünen Auen des Paradieses trabten und sprangen und ihr Fell in der Sonne glänzen ließen. Gefällt euch das nicht auch? Betrachtet nur einmal die Denkmäler der Könige und Feldherren auf den Stadtplätzen, wie kläglich sähe es aus, wenn es keine Pferde gäbe, und sie müßten etwa auf Kühen reiten, statt auf ihren stolzen Rössern! Aber Seepferdchen gibt es eben doch auch. Der Vater Matto legte noch das rote Kopftuch dazu und die Ohrringe, und das alles mitsamt der Schachtel bekam Mattino geschenkt. Ach, wie glücklich war er mit einem Mal, wie unermeßlich reich! Seht, bisher hatte er noch nie irgend etwas besessen außer einem bunten Kieselstein oder einer Nuß in der Hosentasche, und nun diese wunderbare Schachtel! Fragt nur eure Nachbarn, fragt wen immer – gewiß, sie haben alle Kisten und Kasten voll köstlicher Dinge daheim, Schränke und Truhen. Aber wollt ihr wetten, daß ihr niemanden trefft, der solch eine Schachtel besitzt, mit einem Kopftuch und mit Ohrringen und einem Seepferdchen?

So war es also. Matto spannte sich einfach selber vor den Karren und zog ihn fort und immer weiter, und so ist es seither geblieben. Inzwischen hat Mattino längst laufen gelernt und ist überhaupt ein tüchtiger Bursche geworden. Nur wachsen und stärker werden möchte er noch, damit er dem Vater helfen kann, wenn er sich mit dem Karren über einen Hügel schinden muß. Findet ihr das nicht großartig: immer unterwegs zu sein, manchmal den ganzen langen Tag in den Weingärten oder im silbrigen Schatten der Oliven, ach, und erst die Glühwürmchen! Abends, wenn es dunkel wird, ist der ganze Wald plötzlich voll von schwebenden Lichtern, von den kleinen Kindern der Sterne wahrscheinlich, die noch eine Weile das Blitzen und Funkeln üben müssen, bis sie aufsteigen und sich unter den großen Sternen am hohen Himmel festsetzen dürfen.

Der Vater hat nie Eile, an den oder jenen Ort zu kommen. Er ist ja überall zu Hause oder nirgends, wie man es nimmt. Niemand hat eine geräumigere Werkstatt als er, nämlich die ganze Welt. Immer zur richtigen Zeit findet er einen tiefen Brunnen in den Feldern, eine Zisterne, aus der er Wasser für den Kochtopf schöpfen kann, immer stehen auch ein paar Weiden in der Nähe, mit schönen langen Ruten auf ihren struppigen Köpfen. Matto schiebt dann ein paar Steine zusammen er stellt den Kessel darüber und kocht das Essen auf dem kleinen Feuer. Manchmal schneidet er Zwiebeln in die Polenta, das süße Fleisch einer Melone, oder er schlägt sogar ein Ei hinein – alles zufällig gefunden, versteht sich.

Nach dem Essen schläft der Vater gern ein wenig, aber Mattino schläft nicht, er sitzt still im Schatten und schaut umher mit seinen großen Augen. Viele Tiere kennt er, Heuschrecken und ellenlange grasgrüne Eidechsen und Schlangen auch, kohlschwarze und kürzere braune, aber die darf man nicht anrühren, sie beißen, sagt der Vater, weil sie so kitzlig sind. Der Vater weiß und kann überhaupt alles, eurer doch auch? Oft schweigt Matto den ganzen Tag und denkt nach und erfindet plötzlich etwas Wunderbares.

Einmal handelte er ein Stück blaues Segeltuch bei einem Fischer ein, vier neue Körbe mußte er dafür geben, wozu brauchte er nur dieses Tuch? Aber dann spannte der Vater starke Bögen aus Weidenholz über den Karren und band das Tuch darauf, begreift ihr, was das heißt? Vorher, wenn es regnete, krochen sie nur unter den Karren. Mattino lag auch dort leidlich trocken in seinem Korb, aber der Vater war zu lang, er mußte die nackten Beine draußen im Regen lassen. Mattino wunderte sich am Morgen immer wieder, wenn er sah, daß auch der Vater eigentlich weiße Füße hatte.

Und nun besitzt jeder von den beiden sozusagen seine eigene Schlafkammer, oben schnarcht der Vater unter dem blauen Tuchhimmel, und im Erdgeschoß schläft Mattino in einem neuen Korb, der auf vier kurzen Beinen steht und so groß ist, daß auch die Spanschachtel noch darin Platz hat. Sogar Matto selbst steht jetzt mitunter vor dem Karren und betrachtet dieses Wunderwerk, er nickt mit seinem schlauen Kopf und lacht unter dem Stachelbart, man kann es nur nicht sehen.

Meint ihr etwa, das alles sei gar nichts Besonderes, weil es andere Leute noch viel bequemer haben? Aber wenn ihr das richtig betrachtet, sind alle ihre Reichtümer im Grund nur Sorgen, die sie immerfort mit sich herumschleppen müssen. Und die größte Sorge haben sie mit sich selber. Wenn sie nicht sehr reich wären, möchten sie lieber gar nicht mehr leben, und wo bleibt wiederum ihr Reichtum, wenn sie nicht mehr vorhanden sind?

Darum hält sich jeder für das Wichtigste, das ganz und gar Unersetzliche auf der Welt. Sogar das Wasser im Krug meint ja, es müsse ein Loch in dem Bach hinterlassen haben, als es geschöpft wurde.

Mattino hingegen, was kann ihm Sorgen machen, was besitzt er? Wenn ihr es genau nachzählen wollt, braucht ihr nicht einmal die Finger einer Hand: eine Hose anstandshalber, manchmal sogar ein Hemd und einen Löffel, aber den müßte er auch nicht unbedingt haben, Polenta kann man viel besser mit den Fingern essen. Und außerdem? Ach, ihr seid vergeßlich – die Schachtel natürlich! Und sie ist wirklich voll von Träumen, wie der Vater damals sagte, als die Mutter nicht mehr wiederkam. Immer vor dem Einschlafen lüftet Mattino den Deckel der Schachtel, und dann macht er die Augen zu, aber nur außen, innen hält er sie weit offen. Nach einer Weile steigt wirklich das Seepferdchen heraus. Nun ist es nicht mehr braun und leblos dürr, sondern feurig rot, es hat winzige Flügel und schwebt damit umher, und überall, wo es fliegt, füllt sich die Dunkelheit mit Farben. Die Farben fließen zusammen, es werden Blumen daraus. Mattino sieht, wie sie wachsen und ihre Blüten entfalten, nirgends hat Mattino je so prächtige Blumen gesehen. Dahinter stehen Bäume, auch die kommen nahe heran. Auf ihren Zweigen sitzen große, seltsame Vögel, die schwatzen miteinander und rufen Mattino beim Namen.

Aber wo ist nur sein Pferdchen geblieben? »Habt ihr mein Seepferdchen nicht gesehen?« fragt er die Vögel. »Komm nur mit uns!« rufen sie zurück. Sie schwingen sich in die Luft und zeigen ihm, wie er es machen muß. Mattino hebt die Arme, er bewegt sie wie Flügel und fliegt, so einfach ist das – ach, daß er es nie vorher versucht hat! Bis zu den Wolken steigt er mit dem Vogelschwarm, immer weiter hinaus über dem blauen Meer. Aber allmählich wird ihm doch ein bißchen bang, ist er denn wirklich ein Vogel geworden? Tief unten im schäumenden Wasser erspäht Mattino eine kleine Insel, er wirbelt hinunter, schneller und schneller, und fällt in einen Busch am Ufer. Sogleich kommt auch das Seepferdchen um die Ecke gesegelt und nimmt ihn mit. Das Schiff hat einen wunderschönen Namen, es heißt CELSOMINA, was mag das wohl bedeuten? Mattino kann nicht mehr darüber nachdenken, er ist unsäglich müde, und alles verdämmert vor seinen Augen, das schöne Boot und das blaue Meer und die weißleuchtende Stadt auf den Felsen ...

Ein bißchen träumt Mattino wohl auch am hellen Tage, aber sonst ist er ein tüchtiger Gehilfe für den Vater, reicht ihm das Werkzeug bei der Arbeit zu und schält nebenher die Rinde von den Zweigen. Diese weißen Ruten kann Matto gut gebrauchen, um kunstvolle Muster in die Körbe zu flechten. Eines Morgens geraten sie in ein Fischerdorf, dort schlägt der Vater in einer schattigen Gasse die Werkstatt auf. Viele Leute kommen herbei und schauen zu, wie er allerlei Arten von Körben macht, zierliche mit einem Henkel für die Weibel', flache für die Weinbauern, solche, die man auf dem Kopf tragen kann, und auch durchsichtige aus gespaltenem Rohr, wie sie die Fischer brauchen, um langgehörnte Krebse zu fangen. Am Abend aber bindet Mattino alles, was von der Ware übriggeblieben ist, mit einem Strick zusammen und setzt sich damit auf den Markt. Die Sprache der fremden Gäste versteht er nicht, er macht ihnen die Rechnung mit den Fingern, und manchmal schwindelt er schnell noch den Daumen dazu. Aber seine Kunden lachen nur und nehmen es nicht übel. Was Mattino auf diese Weise nebenher verdient, legt er heimlich in die Schachtel – wieviel muß er wohl noch sparen, wieviel kostet ein Esel?

Einmal aber sieht Mattino eine Frau auf den Klippen sitzen. Sie hat ein Brettchen zwischen die Knie geklemmt, und darauf malt sie den Hafen und die bunten Boote und die Wäsche auf den Balkonen der Häuser. »Warum tut sie das?« denkt Mattino. Die Boote und die Wäsche sieht doch jeder selber! »Kannst du nichts anderes malen?« fragt Mattino. »Natürlich könnte ich«, sagt die Frau, »was denn, zum Beispiel?« – »Träume zum Beispiel«, sagt Mattino. »Aber ich male doch ohnehin Träume – oder nicht?« – »Nein«, behauptet Mattino, »das sind keine richtigen.« – » Meinst du? « fragt die Frau. »Hast du denn andere Träume?« – »O ja!« sagt Mattino, »eine ganze Schachtel voll.« – »Großartig! Dann sag mir doch, was ich malen soll!«

Mattino setzt sich also auch hin und erklärt der Frau Malerin, wie sie es machen muß. »Ganz oben malst du Berge«, sagt er, »aber nicht bloß so braune, sondern sehr hohe mit Schnee darauf.«

»Warte!« sagt die Frau, »so schnell kann ich nicht malen, wie du träumst. Hast du denn überhaupt schon einmal Berge mit Schnee gesehen?« - »Ja«, sagt Mattino, »erst gestern in der Nacht.« Und dann muß es wohl so richtig sein mit dem dunklen Wald und dem tiefblauen Wasser, mit den Hühnern auch und dem Esel, der so friedlich in der Wiese liegt.

Später hat die Frau noch viele von Mattinos Träumen aufgemalt, wozu sollte man sie alle beschreiben? Seht sie euch lieber an, jetzt und morgen und immer wieder, sooft ihr Lust dazu habt. Aber nun sind wir müde geworden, große und kleine Kinder, Matto und Mattino, die Frau Malerin und der, der euch diese Geschichte erzählt hat, auch. Wir wollen schlafen gehen und ein wenig weiterträumen ...

Der ländliche Lebenskreis

Was der Mensch auf dem Land besitzt, ist ihm eigen als ein Teil seiner selbst. Aller Hausrat, Werkzeug und Gerät, das er handhabt, wurde von ihm erzeugt, oder doch für ihn, den Einzelnen, geschaffen. Auch der bäurische Handwerker kennt den Mann, für den er arbeitet, er kommt zu ihm »auf Stör«

und richtet sich nach dem Hausbrauch als ein Zugehöriger ein, in der Machkammer sowohl wie vor der Suppenschüssel. Wenn er an die Arbeit geht, um eine Truhe oder eine Bettstatt zusammenzubauen, ist das lang vorher besprochen und beraten worden. Es wird nicht von ihm erwartet, daß er etwas Ungewöhnliches erfindet, sondern er soll sich an die hergebrachten Formen halten. Aber zuletzt tut er doch gern noch ein übriges, er bemalt das Ganze mit dem gebräuchlichen Zierat an Blumen und allerhand Getier, manchmal auch mit dem Bildnis des Hausherrn, nicht ganz naturgetreu vielleicht, aber doch getreu seiner Natur über die Kunst und ihre Geheimnisse macht er sich dabei keine Gedanken, das wäre ja Kopfarbeit. Und dennoch gelingt seiner Einfalt mitunter etwas, worum weit begabtere Meister manchmal vergeblich bemüht sind, nämlich äußere Gestalt und inneres Wesen der Dinge in Einklang zu bringen.

Im Ganzen betrachtet, ist das Leben auf dem Lande kein bukolisches Idyll, es läßt sich auch nicht willkürlich abgrenzen oder für Zwecke einrichten, die dem Gottgewollten zuwider wären. Der Landmensch ist nicht Schöpfer einer ihm eigenen Welt, er ist selbst ein Geschöpf der Natur, die ihm weder freundlich noch feindlich, sondern gleichgültig begegnet. Darum ist sein Dasein auch immer von elementaren Mächten bedroht. Auf seinem sorglosen Weg durch das Holz zu den Almen kann ihn ein verborgen schwelender und unversehens ausbrechender Brand mit einer fast überlegten Grausamkeit zu Tode hetzen. Ein harmloses Rinnsal neben seinem Gehöft wächst über Nacht zum tobenden Wildwasser an, und wiederum läßt ihn ein langatmiges Unheil in Tagen sengender Hitze die Saat auf den Äckern verdorren.

Und so gesehen, ist es wohl nicht schwärmerische Heimatliebe oder mönchische Geduld, sondern ein von langher ererbter zäher Mut, der den bäurischen Lebenskreis unzerstörbar grünen läßt.

Aus der Heimat

Ich möchte gern ein wenig von dem Land erzählen, in dem ich daheim bin, von meinen Landsleuten also und von ihrer Lebensart. Etliches aus dem nächsten Umkreis meines Daseins, anderes aus einer sehr fernen Zeit, Bilder, die mir selber schon fremd sind und doch auch wieder beglückend vertraut. Denn ich lebe gewissermaßen ein zweites Mal, ich war ein Kind, dann starb ich im Kriege und fing als ein völlig anderer Mensch ein neues Leben an. Es mag denn vieles weit hergeholt scheinen und absonderlich klingen oder gar nicht zur Sache gehörend, aber das ist vielleicht kein Schaden. Denn jedes Bild rundet sich vom Rande her.

Mit meiner Mutter fange ich an. Sie war Näherin, in ihren besten Jahren die einzige im ganzen Tal, die sich noch darauf verstand, einen Miederleib richtig zu nähen und alles, was zur alten Tracht gehörte. Diesem Umstand verdanke ich selber einige Kenntnisse in der Schneiderkunst. Und soviel ich davon auch wieder vergessen habe, kann ich mir doch heute zuweilen noch den Spaß erlauben, die Weibsleute bei ihren Einkäufen auf dem Jahrmarkt zu beraten, was die Güte des Tuches betrifft oder die Machart eines Unterrockes.

Die Mutter konnte freilich nichts in Musterbüchern nachschlagen und auf dem Zeichenbrett entwerfen, sie mußte sich's in ihrem Kopf ausdenken. Und wenn sie auch mich mageren Däumling manchmal auf den Tisch setzte, um einen Halskragen oder eine Busenschleife an mir zurechtzustecken, so hatte sie doch keine richtige Hilfe daran, meine äußere Erscheinung war schon damals nicht das Beste an mir. Der Vater ließ sich noch weniger gebrauchen, denn in diesem ruhig-ernsten Mann steckte ein heimlicher Drang zu kindischen Späßen. Wenn er abends einmal in die Schürze der Nachbarin schlüpfen sollte, gleich war er die dicke Nachbarin selber und blähte sich auf und das brachte die Mutter zur Raserei. Denn im Grunde haßte sie die Arbeit am Nähtisch. Manchmal geschah es, daß sie plötzlich alles hinwarf und einfach fortlief, irgendwo hinauf in die Berge oder auf eine Alm, die Bauerntochter. Dann saß der Vater einen Abend lang mit mir allein bei schmaler Kost zu Hause, wir wußten schon Bescheid. Am andern Tag kam die Mutter zurück, schweigsam und ein bißchen beschämt nahm sie ihr Tagewerk wieder auf. Wohlverstanden: eine Schwierigkeit anzupacken, einem Einfall nachzutrachten, dem konnte sie nie widerstehen. Aber daß es dann so lange währte, Stich um Stich, den ganzen Tag in der engen Stube, das ging ihr gegen die Natur, gegen ihren unbändigen Trieb nach Freiheit und Bewegung. Etwas erfinden und etwas machen ist eben zweierlei, und vielleicht will die ganze Welt nur deshalb nicht recht ins Lot kommen, weil den lieben Gott selber die Arbeit daran schon längst verdrießt.

Jedenfalls, sogar der Pfarrer hätte einen Talar für die Feiertage bei der Mutter bestellen können, er wäre nicht schlechter bedient worden als etwa sein Mesner.

Damals trug das Bauernvolk noch gern die alte Tracht, ein anderes Festgewand kannte man gar nicht. Heute ist es auch in den entlegensten Tälern nicht mehr so. Ich denke oft darüber nach, was die Leute wohl bewog, ein Besitztum preiszugeben, das so viele Geschlechter vorher einander treu überliefert hatten. Sie sind doch auch sonst nicht anders geworden, nicht beweglicher und aufgeschlossener dem Neuen gegenüber. Ein Vorteil beim Düngen, ein besseres Gerät, auch jetzt noch braucht es viele Jahre, bis endlich einer von den harten Köpfen seinen Argwohn überwindet.

Und es ist gut so, denn wäre es anders, so gäbe es wahrscheinlich längst keine Bauern mehr, wenigstens keine Bergbauern. Der Bauer hierzulande kann nicht heute so und morgen anders denken oder arbeiten oder wirtschaften. Sein Tagwerk erhält den Antrieb gleichsam aus derselben Kraftquelle, die das Ganze der Natur bewegt. Darum läuft es auch im gleichen Zeitmaß ab, mit der gleichen unveränderlichen Stetigkeit.

Der Bauer sät sein Korn in dem Acker, aber dann ist es seiner Pfiffigkeit entzogen, er kann es nicht wachsen lassen, wie er will. Sonne und Regen wirken darauf ein und auch sonst alle geheimen Mächte, die das Lebendige beherrschen, Schicksal. Es kann im Juli schon schwer vom Halm hängen, der Hagel kann es in die Erde schlagen, da helfen keine Kniffe.

Vielleicht habe ich unrecht mit meinen rückständigen Ansichten. Aber wenn ich einen Bauern plötzlich mit einer neuartigen Maschine fuhrwerken sehe, dann muß ich manchmal an die Gebetsmühlen denken, die ein schlauer Mensch in Tibet erfunden hat. Es ist dem Bauern gewiß zu gönnen, daß die Maschine für ihn pflügt, wie den Mönchen, daß sie nicht mehr selber beten müssen. Aber wie, wenn es insgeheim gerade darauf ankäme?

Zäune flicken ist zum Beispiel nicht angenehmer als Heuwenden, warum, zum Teufel, gibt es keine Zaunflickmaschinen? Am Ende trachtet der Bauer gar nicht mehr dem Segen der Arbeit nach, wie er ihn verdiene, sondern der Arbeit selber, wie er sie loswürde.

Ich meine ja nicht, daß der Bauer die ganze Last seines Tagwerkes unbedingt auf dem eigenen Buckel tragen müsse. Es ist schon recht, wenn sich die gescheiten Leute in der Stadt auch für ihn die Köpfe zerbrechen. Aber die fremde Hilfe wird ihm zum Verderben, sobald sie die natürliche und notwendige Ordnung seines Lebens zerstört. Es kann doch auch nicht irgendwer gelaufen kommen und auf einem Bauernhof zu leben anfangen. Der Hof in der Einöde hat sich in langer Zeit selber die Menschen geformt, die er braucht.

Arbeit tut ja nicht weh. So ist es doch nicht, daß jemals ein gesunder Mensch an seiner redlichen Arbeit zugrunde ginge. Aber Hunger tut weh, an der Unzufriedenheit geht er zugrunde. Wenn man ihm einredet, daß nur ein bequemes Leben schön und lebenswert sei, dann darf sich niemand wundern, daß er die Schinderei satt bekommt und davonläuft.

Ich verstand in der Kinderzeit gar nicht, warum sich die Mutter so erzürnte, als die Bäuerinnen allmählich anfingen, städtische Jacken zur Seidenschürze und zum Trachtenhut zu tragen. Es dauerte lange, bis sie sich endlich des Verdienstes wegen damit abfand, den Leuten ihren Willen zu tun. Und später, als es längst keinen Miederrock mehr zu nähen gab, übte sie ihre Kunst noch für sich allein und kleidete Puppen an, richtig mit dem steifen Unterzeug und dem Fransentuch und bis ins Kleinste getreu.

Mir freilich lag nichts an diesem Puppenkram. Die Mutter beklagte es oft, daß ich ihr gewissermaßen von Anfang an mißraten war, weil sie seinerzeit eigentlich vorhatte, ein Mädchen zur Welt zu bringen, etwas Sanfteres, das nicht so schnell in seine wilde Zeit hineinwüchse. Aber ich geriet leider in jeder Hinsicht dem Vater nach und, was am ärgerlichsten war, er half mir auch noch heimlich bei meinen Streichen. Kaum drehte die Mutter einmal den Rücken, gleich saß ich an der Nähmaschine und quälte das klapprige Wesen mit meinen waghalsigen Einfällen. Sie mußte eine Seilbahn antreiben, einen Aufzug, mit dem man nützliche Dinge, Kieselsteine und Fichtenzapfen vom Anger herauf bis in unsere Dachstube befördern konnte. Und wer hatte die Schnur dazu gestiftet, das Gestell gebaut, die Rollen abgedreht? Der Vater nahm es schweigend auf sich, wenn die Mutter klagte, sie wisse wirklich nicht, wofür sie Gott außer mit einem närrischen Mann auch noch mit einem verrückten Kind gestraft habe. Hinterher sagte er uns beiden zum Trost, daß erfinderische Köpfe anfangs immer verkannt würden.

Die Maschine nähte allerdings nicht mehr und wir wurden so lange auf Wasser und Brot gesetzt, bis sie wieder zu brauchen war. Der Vater überließ es mir, Rat zu schaffen, und ich machte mich unverzagt auf gut Glück an die Arbeit. Manchmal genügte es, die Maschine bloß ein bißchen zu schütteln, ein anderes Mal mußte man ihr den ganzen Bauch ausräumen und dann blieb einem gewöhnlich ein Bolzen übrig oder eine Feder, die nirgends mehr hineinpaßte. Aber darauf kam es dem launischen Geschöpf auch gar nicht an. Plötzlich lief es eben doch wieder und kaute willig an seinem Faden.

Zu uns in die Werkstatt kamen zumeist nur die geringeren Leute, die Mägde oder die heimlichen Kunden, ihre Liebhaber. War irgendwo bei einem reichen Bauern eine Hochzeit im Gange, so wurde die Mutter auf Stör ins Haus genommen, damit sie die Ausstattung nähte, vor allem die Tracht der Braut. Denn bei dieser Arbeit war viel Geheimnisvolles zu beachten, wenn es der jungen Frau nicht später zum Unheil werden sollte.

Freilich bleibt immer noch zu erklären, warum sich hie und da die bäurische Tracht in Einzelheiten plötzlich änderte, obwohl sie doch sonst unbeirrbar einer sehr langsamen Entwicklung folgte. Erfahrene Leute, die ich deswegen um Rat fragte, gaben sich Mühe, mir das Rätsel zu erklären. Jemand meinte sogar, dieses Phänomen sei vielleicht den Mutationen vergleichbar, sprunghaften Veränderungen, mit deren Hilfe die Natur auch sonst gern die Gelehrten ärgert. Aber mir ist das zu schwierig. Da will ich doch lieber glauben, daß die Sache mit dem Teufel zusammenhängt. Überall, wo Menschen miteinander leben und wo sie in ihrem Schicksal etwas Gemeinsames, Verbindendes fühlen, kann sich auch eine Tracht entwickeln. Denn es liegt wohl das Bedürfnis tief im Wesen des Menschen, sinnfällig auszudrücken, daß er in eine Gemeinschaft gehört. Einmal kam die einigende Kraft etwa aus der Arbeit und so mochten die Berufstrachten entstanden sein, die Trachten der Zünfte in den Städten, oder auch die Uniform einer Dorfmusik, eines Schützenvereines, weil es eben wohltut und einen Menschen ansehnlicher macht, wenn er zeigen kann, daß er Freuden und Sorgen mit Gleichgesinnten teilt. Selbst die Kutten der Mönche und die Hauben der Nonnen sind eigentlich nur Zeichen dafür, daß diese Leute übereingekommen sind, dem lieben Gott auf eine seltsame Weise beschwerlich zu sein.

Man hört neuerdings viel von Versuchen, die alte Tracht wieder zu pflegen oder gar zu erneuern. Dawider mag ich nur ungern etwas einwenden, im Gegenteil, ich bemühe mich auf meine Weise ja auch darum. Aber ich muß mir eingestehen, daß ich zuweilen Gründe und Folgen verwechsele. Früher dachte ich etwa, es müsse doch ein Antrieb für die Bäuerinnen sein, sich wieder in der hergebrachten Art zu kleiden, wenn sie sähen, daß auch die Frau des Doktors oder des Lehrers es nicht verschmähte, die gleiche Tracht zu tragen. Aber das war ein Irrtum. Der Landmensch empfindet doch manchmal feiner, als wir es ihm zutrauen. Man sage was immer, die Frau des Doktors hat gar kein inneres Recht, sich wie eine Bäuerin anzuziehen. Noch in meiner Jugend wäre das ganz unschicklich gewesen. Heute freilich macht ihr niemand mehr dieses Vergnügen streitig. Man muß ja auch zugeben, daß die gnädige Frau im Miederrock weitaus hübscher aussieht als die Bauerndirn, die nun auch etwas Besonderes tun will und ihrerseits nach der Mode geht. Am Ende aber läuft das ganze Weibervolk im Dorf in einer wunderlichen Verkleidung herum, man weiß gar nicht mehr immer, muß man einer nun die Hand küssen oder braucht man bloß den Hut zu rücken.

Das konnte der rechte Weg nicht sein. Was tut der Deutsche, überlegte ich mir, wenn er etwas pflegen und hochhalten will? Er gründet einen Verein. Also gründeten wir auch eine Trachtengesellschaft. Anfangs war es uns langweilig, immer bloß schön angetan um einen Tisch zu sitzen, lauter junge fröhliche Leute. Auch die Schützen hockten ja nicht nur wegen ihrer Uniform im Wirtshaus, sondern sie hatten ein Vereinsziel, das ihnen der Obmann jährlich einmal in einer großartigen Rede vor Augen hielt. Also pflegten wir neben der Tracht noch die Geselligkeit, Gesang und Tanz, und das ließ sich schon besser an. Unser Verein hieß »Edelweiß«, nicht etwa, weil diese kostbare Blume auch Gefahr lief, ihre alte Tracht zu vergessen, sondern weil wir damit ausdrücken wollten, wie hoch unsere Ideale einzuschätzen waren.

Allmählich wuchs unser Ansehen in der Gemeinde, wir galten bei Festen und Umzügen nicht weniger als die Schützen oder die Veteranen. Aber meine Erwartung, es würden allmählich auch andere wieder daran Gefallen finden, selber die Tracht zu tragen, diese heimliche Hoffnung erfüllte sich nicht.

Das sei schon recht, sagten die Leute, und dazu hätte man ja diesen Verein, daß er das Alte in Ehren hielte.

Und nun denke ich von neuem darüber nach, was ich wohl anstellen muß, um dieses störrische Volk doch noch auf meinen Leim zu locken. Ja, wenn ich jemand fände, der so viel Bier und Süßwein bezahlen kann, daß es für ein ganzes Dorf reichte. Vielleicht hätte ich dann bald alle in meinem Verein und das Übel wäre behoben.

Aber vielleicht brauchte ich gar nicht so ängstlich zu sein, nur ein wenig geduldiger und einsichtiger. Wer weiß, wohin es führte, wenn alles in der Welt nach unserem Verstand abliefe? Wie oft trauern wir etwas Verlorenem nach oder meinen es wiedergewinnen zu müssen, und übersehen dabei, wieviel Neues uns indessen zugewachsen ist. Ein wenig gleiche ich mit meinen Bemühungen einem alten Major, der einmal in meiner Nachbarschaft wohnte, und der, weil sein Apfelbaum im Garten nicht mehr tragen wollte, jeden Herbst ein Schock guter Äpfel an die Zweige knüpfte, aus Zorn oder aus Kummer, ich weiß es nicht. Dem sagte ich auch, er täte besser, den Baum richtig zu pflegen und zu wässern, dann besänne er sich wohl von selber wieder und trüge sich, wie es ihm von Natur anstand. Aber das half nichts, der Mann war närrisch.

Wenn man lang auf dem Lande lebt, lernt man allmählich mit anderen Maßen zu messen, als es der wendigere Mensch in den Städten tut. Man kennt die Stunde der schwarzen Zweifel und der Versuchungen auch, gewiß, aber im Ganzen sieht man Welt und Leben doch gelassener an, zuversichtlicher. Manchmal besuchte ich einen Bauern, dessen Lehen ganz hoch oben liegt, wo beinahe gar nichts mehr wächst, eigentlich ist es nur eine Alm. Im Frühling fällt der letzte Schnee auf die Sommersaat, im Herbst der erste auf das reifende Korn, aber den Mann verdrießt das gar nicht. Er hat sogar ein Stück Land gerodet und eine Baumschule eingerichtet. Wir gehen miteinander im Gehege umher und betrachten die Bäumchen. Fast alle sind krumm vom Schneedruck und knotig vom Frost und immer wieder sterben die Reiser ab. Wenn ich an die Baumgärten denke, die ich in der Ebene draußen gesehen habe, Tausende von pfeilgeraden Stämmen, wie in der Fabrik gemacht, dann ist das hier freilich ein bißchen lächerlich. Und doch habe ich nicht das Herz, es dem Mann zu sagen, seine Liebe zu diesen kümmerlichen Gewächsen ist mir ehrwürdig. Jedes einzelne kennt er genau, er hat ihnen Schildchen umgehängt und allerlei Zeichen daraufgemalt, ein Kreuz, einen Stern, schreiben kann er nicht. Wer weiß, ob es ihm nicht doch einmal in langer Zeit gelingt, den Baum zu züchten, von dem er träumt, der so hart und fruchtbar wäre, wie er selber.

Wenn ich den Mann neben mir betrachte, dann muß ich seine Obstbäume loben, ihn selber muß ich loben. So wie er da steht ist er ein grober ungeschlachter Kerl, aber zugleich ist er ein Held, ein Eroberer. Wie er stand der Erste hier, der hätte auch unten im Tal bequemer leben können, aber er griff die Wildnis an und machte sie fruchtbar mit der Waffe des Bauern, mit dem Pflug. Gott gebe, daß die Enkelsöhne niemals anders denken. Denn was der Pflüger verloren gibt, das kann auch der Krieger nicht mehr zurückgewinnen.

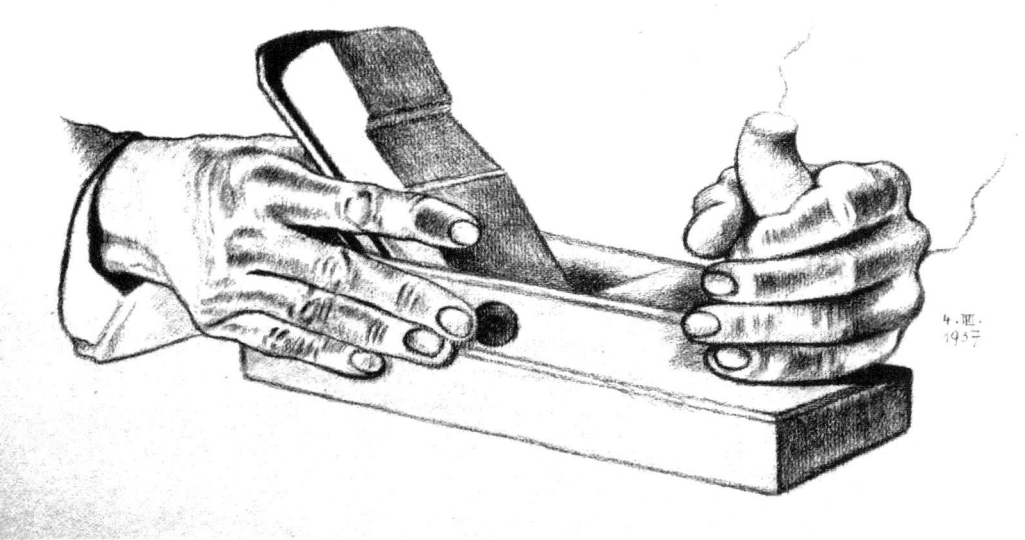

Schöne Sachen

Im Kreis meiner Freunde gönne ich mir gern das Vergnügen, ein langwieriges und hitziges Gespräch anzufachen. Unlängst war vom Wesen des bäurischen Kunsthandwerkes die Rede. Ich hoffte, den Streit mit der Behauptung schüren zu können, daß es etwas wie Volkskunst überhaupt nicht gebe. Das Kennzeichnende an jeder Art von Kunst liege doch hauptsächlich darin, erklärte ich, daß sie für nichts zu gebrauchen sei, also in ihrer erhabenen Zwecklosigkeit. Hingegen diene, was der Landmensch hervorbringt, immer zunächst einem Zweck, er mache kein Ding um seiner selbst willen, sondern eine Sache, ein engagiertes Ding, wie man es heutzutag nennen würde. Er sage ja auch »mein Sach«, wenn er alles überblicke, was ihm zugehört, oder »mein Zeug«, wenn er das meine, was er gebraucht.

Leider wurde mein geistiger Flügelschlag plötzlich gehemmt durch die hinterhältige Frage, ob der ganze alte Kram in den Stuben meines eigenen Hauses zu den Dingen oder den Sachen gehöre. Die Wahrheit ist, daß ich mir selber nicht erklären kann, warum mein Herz so sehr an allem hängt, was alt zu werden und dabei noch an Würde zu gewinnen vermochte.

Als ich in jungen Jahren in meinem Dorf seßhaft wurde, hatte ich noch kein Auge für dergleichen Schätze. Jetzt macht es mir schon Mühe, mich an die Zeit zu erinnern, in der die Häuser um den Kirchplatz noch nicht so gelangweilt aus ihren Reißbrettgesichtern gälmten, als in den Wirtsstuben noch zentnerschwere Tische standen statt solche aus Kunstharz, die weder mit Kunst noch mit Harz das Geringste zu tun haben und die jeder Holzknecht beim Kartenspiel mit der Trumpfas in den Boden hauen könnte. Manche Kostbarkeit wäre mir damals mühelos zugefallen, hätte ich nur ein wenig mehr Geld und Verstand besessen. Heutzutag muß ich schon weite Wege zu entlegenen Gehöften laufen und eine Menge schlechten Schnaps und noch schlechtere Späße zum besten geben, bis mir die Bäuerin erlaubt, in den Dachboden hinaufzuklettern.

Dort finde ich zunächst nichts weiter als ein Durcheinander von verlottertem Zeug unter Staub und Moder. Einen Hobel vielleicht, auch nicht mehr zu brauchen, das Eisen vom Rost zerfressen, aber immerhin hat der Mann, dem er gehörte, ein hübsches Muster die Kanten entlang in das beinharte Holz geschnitten. Daneben ein zinnener Leuchter, ein Pulverhorn, mit dem Bildnis eines Heiligen geschmückt, den ich für einen Wilddieb halten würde, wenn nicht darunter geschrieben stünde, daß Sankt Hubertus gemeint ist. Eine Flasche gerät mir in die Hand, am Hosenboden abgewischt, funkelt sie plötzlich mit blauem Licht, und daneben läßt mir ein Gebetbuch beim Aufblättern Stoßseufzer ins Gewissen und spinnwebzarte Bilder in die Hand fallen.

Fast immer sind die geringen Leute auch die kunstfertigen, die erfinderischen gewesen, und gewöhnlich war es die Liebe das rosenwangige Unheil, das ihnen ihre groben Finger lenkte. So hat irgendein Knecht versucht, aus krummem Stangenholz ein Stiegengeländer zu schnitzen, eine Schlange für die Magd in der Dachkammer, zur Warnung vor dem Sündenfall mit einem anderen Knecht. Wieder einer hat Spanholz sauber geglättet, zu einer Schachtel verleimt und mit Rosen bemalt oder mit anderen Notzeichen seines Zustandes.

Mein Vater, der ein Zimmergeselle war, verstand sich noch darauf, sein Werkzeug selber zu schäften, ein neues Stemmeisen etwa, oder sein kostbarstes Stück, das breite Beil. Nach Feierabend saß er gern rittlings auf einem Schemel, den Eschenrundling vor sich in die Zwinge geklemmt, ihm war jede Art Holz auf eine rätselhafte Weise gefügig. Zuletzt schnitt er noch seinen Namen hinein, ein verschlungenes »W« und ein »J«, weil er ja Johann hieß, und endlich Sonne und Mond als Anfang und Ende seines langen Arbeitstages. Er sah es auch gern, wenn ich mit feuchter Nase bei ihm hockte und zu raten versuchte, was er diesmal machen wollte, eine hölzerne Nähmaschine vielleicht, es hätte mich nicht gewundert. Weniger gern mochte er es, wenn auch die Mutter hinter ihm herumschlich, um mit Ihrem Besen jeden Span sofort unter seinem Sitz herauszuangeln.

So ruft vieles in meiner Stube längst verschollene Erinnerungen wach. Natürlich sind schönere Stücke in Museen und Sammlungen zu finden, vielleicht allzu schöne mitunter. Aber diese hier wurden zumeist dort aufgestöbert, wo sie zu Hause waren. Ich meine sogar jeden einzelnen Menschen zu kennen, der so wie ich an der Einfalt bäurischer Kunst Gefallen findet. Er muß wohl einer von den wenigen sein, mit dem man auch bei einem unverfälschten Glas Wein ein gutes Gespräch haben kann.

Karl Heinrich Waggerl kam im Dezember 1897 in Bad Gastein als Zimmermannssohn zur Welt. Schon früh zeigte sich die künstlerische Beobachtungsgabe des Knaben, der etwa in den Schulpausen Landschaften auf die Schultafel zauberte oder in Aquarellen festhielt. Viele Erlebnisse aus seiner bewegten Kindheit sollten dann auch in seinem 1948 erschienenen Erzählband »Fröhliche Armut« einfließen – so auch sein Kurzauftritt mit einem Gedicht vor Kaiser Franz Josef im Juli 1909 anlässlich der Eröffnung der Tauernbahn. Nach dem Besuch der Bürgerschule in der Stadt Salzburg schloss er hier seine Lehrerausbildung ab. Eine Zäsur bildete auch für ihn der Erste Weltkrieg: 1915 meldete er sich freiwillig zum Militär. Die letzten Kriegsjahre verbrachte er an der italienischen Kriegsfront, wo er Ende Juni 1918 in italienische Kriegsgefangenschaft geriet, von der er erst 1919 heimkehren sollte. Nachdem er im August 1920 Edith (Ditta) Pitter aus Salzburg geheiratet und im September 1920 eine Lehrerstelle in Wagrain erhalten hatte, ließ er sich nun hier für immer nieder. Sein Durchbruch als Literat gelang ihm 1930 schließlich mit dem Roman »Brot«. Schon 1934 folgte der Österreichische Staatspreis für Literatur. Diesen erfolgreichen Start als Schriftsteller überschatten heute freilich seine politischen Aktivitäten: Er trat 1938 der NSDAP bei, die ihn ihrerseits 1939 zum Landesobmann für Schriftsteller im NS-Gau Salzburg bestellte. Aus seinem literarischen Gesamtwerk lassen sich hingegen keine »Anbiederungen« an das NS-Regime herauslesen. Waggerls politische Korrumpierung blieb wohl auch deshalb so lange ausgeblendet, da er mit seiner 1953 erstmals veröffentlichten Weihnachtslegendensammlung »Und es begab sich« eine derartige Popularität erlangte, dass jeder Einwand als unerwünschte Störung empfunden wurde. Waggerl gelang es mit einer fast schnörkellosen Einfachheit die Botschaften von Weihnachten im Märchenkleid neu zu verpacken. Waggerl hat in vielen seiner Betrachtungen über das Weihnachtsfest auch seine persönlichen Kindheitserinnerungen hereingeholt. Damit gab er einer von Enttäuschung, Entbehrungen und Not desillusionierten Nachkriegsgeneration wieder Mut und Stimme, indem er ihr die Augen für das Weihnachtswunder und seine Botschaft öffnete. Das macht diese Erzählungen wohl auch heute noch so liebenswert und es gibt denn auch kaum jemanden, der sich dem Zauber dieser vorweihnachtlichen Erzählungen zu entziehen vermag. Für Waggerl als bekennenden Atheisten bestand darin kein Widerspruch: Ja, vielleicht war es gerade diese Portion Distanz, die ihn vor jenen Sprachhülsen und Empfindungen aus »zweiter Hand« schützte, die oft weihnachtlicher Literatur anhaften. Waggerls Advent- und Weihnachtsgeschichten zählen daher längst zur klassischen Weihnachtsliteratur. Bei seinen Auftritten im Rahmen des Salzburger Adventsingens verlieh er dank seiner markanten Stimme den vorgetragenen Advent- und Weihnachtsgeschichten zudem eine Aura der Güte und Abgeklärtheit. Diese sollte ihm selbst im Alter verwehrt bleiben: So spricht aus seinem »Wagrainer Tagebuch« Selbstskepsis und Verzweiflung. Ein Verkehrunfall riss Waggerl im November 1973 aus einem arbeitsreichen wie auch widerspruchsvollen Leben. Seine letzte Ruhestätte fand er an der Seite seiner Ditta am Friedhof in Wagrain.

Franz Traunfellner wurde 1913 im niederösterreichischen Waldviertel als Sohn eines Holzwarenerzeugers geboren. Schon früh begann er mit der Darstellung seiner engeren Umgebung, zunächst zeichnerisch, später in verschiedenen grafischen Techniken. In seiner Kunst schöpfte er vor allem aus dem Motivrepertoire seiner Heimat. Er verband mit diesem heute oft diskreditierten Begriff jedoch nicht die vom herrschenden Regime eingeforderte ideologische Einengung, die zugleich das Fremde aus politisch-nationalistischem Kalkül ausschloss. Deshalb hat es Traunfellner auch immer abgelehnt, als Heimatkünstler bezeichnet zu werden.

Dass eine prägende Periode seiner künstlerischen Entwicklung in die Zeit des Nationalsozialismus fiel, in der ihn ein befreundeter Künstler, Leopold Blauensteiner, 1937 bei der Reichskulturkammer anmeldete, um ihm Ausstellungen zu ermöglichen, soll hier durchaus Erwähnung finden. »Gesetz ist mächtig, mächtiger die Not« – so umschreibt schon Goethe in »Faust« das Dilemma des Gewissens in derart prekären Situationen. Der Umstand, dass er sich wenig später weigerte, kriegsverherrlichende Arbeiten zu schaffen, was ihm schwere Schikanen seitens der Machthaber eintrug, fand auch in einem Brief an seine spätere Frau Käthe Renner von 1944 Niederschlag. Darin bekannte er, nicht mehr Mitglied dieser politischen Schaltstelle für Kultur sein zu wollen. Seine Kunst blieb in dieser Umbruchzeit ohnedies unbeeindruckt von politischen Direktiven. Eine enge Freundschaft verband ihn mit dem Lehrer und Lyriker Wilhelm Szabo, der aus politischen Gründen zwischen 1939 und 1945 vom NS-Regime außer Dienst gestellt wurde.

Nach Kriegsende kehrte er auf den elterlichen Bauernhof zurück und widmete sich mit neuem Eifer seiner weiteren künstlerischen Entwicklung. Er brachte es in zahlreichen grafischen Techniken zu großer Meisterschaft, am bekanntesten aber wurden seine auf das Wesentliche reduzierten Holzschnitte, in denen er die ihn umgebende Natur und das kleinbäuerliche Milieu zu einem Kernthema erhoben hat. Hier nimmt die winterliche Landschaft als ein häufig wiederkehrendes Motiv bald eine Sonderstellung ein: Er verleiht sowohl der feierlichen Stille verschneiter Landstriche, als auch der Erfahrung der klirrenden Kälte jenen künstlerischen Ausdruck, dem sich selbst heute kaum jemand zu entziehen vermag. Traunfellner wurde so auch zum einfühlsamen Chronisten des Waldviertels, dem jede Verherrlichung des spröden Arbeitsalltags ebenso fremd war, wie eine auf bloße Effekte abzielende Landschaftskunst. In den realen Winterszenen ähnelt der Wechsel zwischen weißen Schneeflächen und den als dunkle Flächen in die Landschaft eingeschriebenen Bäume, Felsen, Häuser und Dörfer auch bereits dem Holzschnitt. »Der Winter kommt der Grafik besonders entgegen«, sagte er einmal. »Die Linien, die Formen werden hier einfacher, klarer, alles Unwesentliche verschwindet. Die Stille der winterlichen Landschaft hat mich immer wieder ganz besonders angesprochen.«

Der Künstler starb 1986 in seinem Haus in Gerersdorf bei Pöggstall. Traunfellner gilt bis heute als künstlerische Persönlichkeit dieser Region – und zwar in dem Sinne, wie dies einmal der Schriftsteller Wolfgang Herbst auf den Punkt brachte: »Persönlichkeit ist, was übrigbleibt, wenn man Ämter, Orden und Titel von einer Person abzieht.«

Verzeichnis der Bilder:

Seite 6: Bauer mit Weihnachtsbaum | 1945 | 17 x 12 cm
Seite 14: Winternacht | 1976 | 24 x 29 cm
Seite 22: Verschneite Felder | 1950 | 21 x 26 cm
Seite 38: Armut | 1980 | 37 x 32 cm
Seite 42: Heilige Familie | 1966 | 14 x 10,5 cm
Seite 50: Oedhof mit Eiche | 1965 | 37 x 47 cm
Seite 64: Bäume und Gehöft im Schnee | 1982 | 36 x 47 cm
Seite 72: Karge Felder | 1979 | 33 x 47 cm
Seite 76: Baum im Winter | 1978 | 32 x 39 cm
Seite 78: Drache | 1953 | 9,5 x 5 cm
Seite 80: Alte Eiche | 1961 | 30 x 41 cm
Seite 88: Fuhrwerk | 18 x 13 cm
Seite 96: Alter Hausknecht | 1983 | 44 x 29 cm
Seite 104: Großer Baum | 1969 | 40 x 46 cm
Seite 106: Schwarze Sonnenblume | 1968 | 54 x 38 cm
Seite 112: Mondengel | 1961 | 25 x 30 cm
Seite 118: Heimgehender Bauer | 1968 | 36 x 47 cm
Seite 122: Raureif | 1977 | 24 x 21 cm
Seite 128: Winterwald | 1965 | 14 x 9 cm
Seite 136: Heller Wintertag | 1964 | 33 x 43 cm
Seite 138: Sonntag | 1958 | 45 x 34 cm
Seite 147: Hobel | 1937 | 16 x 32 cm
Seite 152: Vollmond | 1984 | 23 x 27 cm